Gar kein Preis ist der beste Preis

Das Buch

Es geht auch ohne Geiz. In diesem Sparbuch der besonderen Art zeigt Oliver Rueß, wie man sparen kann, ohne zu knausern. Er verrät, wie man trotz steigender Ausgaben und Lebenshaltungskosten den gewohnten Standard ohne Einbußen genießen und dabei auch noch das eigene Vermögen mehren kann.

Der Autor

Oliver Rueß wurde 1973 in Berlin geboren. Bereits während des Studiums arbeitete er als Journalist und hielt Vorträge. Seine zahlreichen Veranstaltungen und Medienauftritte stoßen stets auf großes Interesse.

Sein Ratgeber „Besser leben mit weniger Geld" liegt im Econ Taschenbuchverlag in zweiter und aktualisierter Auflage vor.

Oliver Rueß

Gar kein Preis ist der beste Preis

So sparen Sie sich reich

OR

Bibliografische Information Der Deutschen Bibliothek:
Die Deutsche Bibliothek verzeichnet diese Publikation in der Deutschen
Nationalbiografie; detaillierte bibliografische Daten sind im Internet über
<http://dnb.ddb.de> abrufbar.

ISBN: 3-8330-0180-1

© 2003 by Oliver Rueß, Berlin

Herstellung: Books on Demand GmbH, Norderstedt

Inhalt

Gar kein Preis ist der beste Preis

Der Wettbewerb boomt, Kaufhausketten und Discounter locken mit vielfältigem Angebot, großer Auswahl und Niedrigpreisen. In meinem Buch „Besser leben mit weniger Geld" regte ich dazu an, den eigenen privaten Haushalt wie ein Unternehmen nach kostengünstigen Gesichtspunkten zu führen. Ich animierte Sie dazu, bei gleich bleibenden oder gar sinkenden Realeinkommen trotzdem, wie ein Manager, Gewinne zu erzielen. Unter anderem durch Kostenminimierung.

Der richtige Sparspaß beginnt aber erst dann, wenn man für Dienstleistungen, Einsparmöglichkeiten und Produkte keinen Cent mehr zu bezahlen braucht.
Das Girokonto und Wertpapierdepot ohne Kosten betreiben, mit dem Handy im Ausland kostenlos erreichbar sein, eine Homepage kostenfrei ins Internet stellen, eine gute Zeitschrift gratis abonnieren – wer will das nicht?

Mit diesem Buch möchte ich Ihnen den Weg in eine kostenfreie Welt voller Spaß und Lebensqualität weisen. Die Verantwortung für unsere Umwelt soll dabei nicht zu kurz kommen, aber um weniger Energie zu verbrauchen sind keine teuren Investitionen notwendig.

Ob im Bereich der Finanzdienstleistungen, der Telekommunikation, der Energienutzung oder der Informationsbeschaffung – kostenlose Dienstleistungen, Einsparmöglichkeiten und Produkte lauern an allen Ecken und Enden, man muss sie nur wahrnehmen.

In diesem Buch zeige ich auf, wie man Geld einsparen kann, ohne dabei unerträglich knausern zu müssen. Sie werden vermutlich sogar mehr Dienstleistungen und Produkte als bislang in Anspruch nehmen können.

Geldsouveränes Handeln setzt zudem eine gute Marktkenntnis voraus. Ich möchte Ihnen Informationen an die Hand geben, die es Ihnen ermöglichen, in Zukunft neue kostenlose Angebote selbstständig auszuwählen und zu bewerten.

Halten Sie Augen und Ohren offen, und bleiben Sie beim Sparen gelassen. Die Gratisjagd ist eröffnet: Das Leben kann so günstig sein.

Ihr Oliver Rueß

Banken

Girokonto kostenlos

Der private Zahlungsverkehr wird heutzutage weitgehend bargeldlos über das Girokonto abgewickelt. Das Gehalt wird auf dieses Konto überwiesen, Miet- oder Kreditzahlungen von ihm abgebucht, Rechnungen überwiesen oder mit der ec-Maestro-Karte darüber eingekauft. Leider ist die Nutzung all dieser Kontoleistungen bei der Mehrzahl der Banken und Sparkassen kostenpflichtig.

Darüber hinaus zahlen nur wenige Geldinstitute ihren Kunden Zinsen für Guthaben auf dem Girokonto, und wenn nur wenig.

Diese für die Banken somit preiswerten oder gar kostenlosen Einlagen können beispielsweise in Form eines Kredits weiterverkauft werden – für den Kreditnehmer selbstverständlich kostenpflichtig. Zudem ist der Inhaber eines Girokontos unter Umständen selbst der zahlende Kreditnehmer, indem er sein Konto überzieht.

Suchen Sie sich aus dem großen und auch deshalb schwer überschaubaren Angebot an Girokonten lieber eine kostenlose Möglichkeit aus.

Sie sollten ohnehin alle von Ihnen genutzten Bankdienstleistungen auf Kosteneinsparungschancen hin überprüfen und sich dann für den jeweils günstigsten Anbieter entscheiden.

Girokonto, Sparkonto, Tagesgeldkonto, Wertpapierdepot und der Kredit für Wohnung oder Haus müssen keinesfalls nur bei einer Bank oder Sparkasse eingekauft werden. Wählen Sie im Bankensupermarkt einfach die besten Schnäppchen aus.

War das Girokonto im Rahmen seiner Einführung in den fünfziger Jahren noch kostenlos, sind Gratiskonten mit gutem Leistungsangebot heute leider die Ausnahme. Vorherrschend sind für den Banklaien oft schwer durchschaubare Abrechnungsmodelle, die den Kontoinhaber am Jahresende nur schwer erkennen lassen, wie viel Geld der Betrieb des Kontos tatsächlich kostet.

Für bestimmte Gruppen wie Schüler, Auszubildende, Studenten, Wehr- oder Zivildienstleistende und manchmal sogar Rentner beziehungsweise Pensionäre gibt es schon seit langem günstige Bankangebote.
Aber auch wer nicht diesem privilegierten Kreis angehört, kann ein kostenloses Girokonto führen und muss dabei nicht einmal zu den Besserverdienenden zählen.

Weshalb bieten manche Geldinstitute mittlerweile Girokonten an, aus denen sie direkt keine Einnahmen erzielen? Nun, für Banken und Sparkassen bildet das Girokonto den Anfang einer Kundenbeziehung. Wer seine Bank einmal von einer positiven Seite kennen gelernt hat, eröffnet bei ihr vielleicht später auch ein Sparkonto oder nimmt einen Kredit für den Kauf oder Bau von Wohneigentum auf. Viele Kunden werden auf diese Weise immer enger an ihre Bank gebunden und verlieren damit möglicherweise viel günstigere oder auch einfach nur bessere Angebote anderer Institute aus den Augen. Aus diesen Gründen darf man sich also nicht wundern, wenn bereits Schulkinder von den Banken und Sparkassen mit Konten und Comic-Heftchen umworben werden.

Postbank Giro Plus

Das kostenlose Girokonto Postbank Giro Plus wird ohne die Berechnung einer Kontoführungsgebühr geführt.

Entweder entscheiden Sie sich für den kostenlosen Ausdruck von Kontoauszügen am Kontoauszugsdrucker oder aber erhalten monatlich einen kostenlosen Kontoauszug per Post, für den Ihnen keine Versandkosten berechnet werden.

Alle Buchungen - und damit auch alle Überweisungen – sind kostenfrei. Dies gilt ebenfalls für die Einrichtung, Änderung oder Löschung von Daueraufträgen.

Jeder Inhaber des Kontos erhält jeweils eine ec-Maestro-Karte kostenlos. Eine kostenlose Kreditkarte zählt nicht zu den Inklusivleistungen dieses Kontos, aber in einem weiteren Abschnitt dieses Kapitels erfahren Sie, wie Sie an kostenlose Kreditkarten der Gesellschaften Visa und Eurocard/Mastercard gelangen.

Einen Dispokredit können Sie, sofern die üblichen Bedingungen erfüllt sind, in Anspruch nehmen – kostenlos ist er allerdings nicht. Der auch von der vorherigen Bank gewährte Dispokredit wird in der Regel übernommen.

Die Bargeldversorgung erfolgt ohne die Erhebung von Gebühren an allen institutseigenen Geldautomaten beziehungsweise an den Schaltern. Darüber hinaus stehen Ihnen über den Geldautomatenverbund CashGroup etwa 7.600 inländische Geldautomaten der Partnerbanken Commerzbank, Deutsche Bank, Dresdner Bank, HypoVereinsbank und deren Tochtergesellschaften zur Verfügung.

Da es sich bei der Postbank um eine Filialbank handelt, können alle Bankgeschäfte auch persönlich abgewickelt werden. Rund 13.000 Postfilialen und Postbankzweigstellen stehen in Deutschland zur Verfügung, an Anlaufstellen mangelt es also nicht.

Zudem können Sie als Postbankkunde auch Telefonbanking betreiben oder Ihr Konto via Internet erreichen. Bei beiden Zugangswegen tragen Sie allerdings die Kosten für die Telefon- beziehungsweise Onlineverbindung.

Alle genannten Leistungen des Postbank Giro-Plus-Kontos sind zwar kostenlos, eine Bedingung gibt es aber: Auf das Konto muss ein monatlicher Geldeingang von mindestens 1.000 Euro erfolgen. Dies bedeutet, dass es sich hierbei nicht zwingend um einen Gehaltseingang handeln muss. Der geforderte Geldeingang muss lediglich in Summe eingehen und kann sich somit auch zusammensetzen, zum Beispiel aus 900 Euro Gehalt und 100 Euro aus einer anderen Zahlungsquelle. Der monatliche Gesamtbetrag von 1.000 Euro muss nicht unbedingt mit einem Mal auf dem Konto eingehen, denn die Zahlungseingänge eines Monats werden addiert.

Nun kann es ja sein, dass es Ihnen nicht möglich ist, einen monatlichen Geldeingang von 1.000 Euro vorzuweisen, Sie aber trotzdem ein kostenloses Girokonto bei der Postbank betreiben möchten. Kein Problem, helfen Sie sich doch einfach selbst. Richten Sie, nach Absprache mit Ihrem Lebenspartner, einem Freund oder vertrauenswürdigen Kollegen, einen Dauerauftrag von Ihrem Konto auf dessen Konto ein. Die Höhe des per Dauerauftrag zu überweisenden Betrags entspricht dabei dem Fehlbetrag zur Erreichung des monatlichen Mindestgeldeingangs von 1.000 Euro. Beträgt die Summe der monatlichen Zahlungseingänge beispielsweise 1.950 Euro, so lassen Sie zukünftig 50 Euro per Dauerauftrag überweisen.

Ihr Lebenspartner, Freund oder Kollege richtet von seinem Konto aus ebenfalls einen Dauerauftrag in Höhe von in diesem Beispiel 50 Euro ein, der jetzt natürlich an Ihr Postbank-Girokonto adressiert ist.

Dem Computer der Postbank ist der Weg der Entstehung Ihres monatlichen Geldeingangs egal. Solange die Summe aller Geldeingänge 1.000 Euro beträgt, stellt er Ihr Konto kostenfrei. Um sicher zu sein, dass der per Dauerauftrag an das jeweils andere Konto adressierte Geldbetrag sein Ziel auch rechtzeitig erreicht hat, bevor er wieder zurücküberwiesen wird, sollten Sie bei der einmaligen Einrichtung der Daueraufträge eine zeitlichen Versatz von etwa zwei Wochen berücksichtigen.

Übrigens: Für alle Kunden unter 26 Jahren ist das Konto auch ohne monatlichen Geldeingang kostenlos.

Postbank Hamburg

22283 Hamburg

Telefon: 0 180 3-04 05 00

Telefax: 0 180 3-04 08 00

Internet: http://www.postbank.de

Sparda Giro

Die Sparda-Bank bietet Ihren Kunden ein besonders interessantes kostenloses Girokonto an, denn Sie erhalten sogar noch Geld dazu.

Wenden wir uns aber zuvor den eigentlichen Leistungen dieses Girokontos zu.

Alle Buchungen und damit auch alle Überweisungen sind kostenlos. Ebenfalls kostenfrei ist die Einrichtung, Änderung oder Löschung von Daueraufträgen. Kostenlos ist selbstverständlich ebenso der Ausdruck von Kontoauszügen am Kontoauszugsdrucker.

Eine ec-Maestro-Karte erhalten Sie ohne Gebühr. Bei der Sparda-Bank Berlin bekommen Sie sogar eine gebührenfreie Eurocard/Mastercard, brauchen also keine Jahresgebühr zu bezahlen. Unabhängig hiervon fallen, wie bei den meisten

Banken, Kosten für den Einsatz der Karte außerhalb des europäischen Währungsraums an.

Einen Dispokredit können Sie, bei Erfüllung der üblichen Bedingungen, nutzen, kostenlos ist er selbstverständlich nicht. Der bereits von Ihrer bisherigen Bank eingeräumte Dispokredit wird in der Regel übernommen.

Da es sich bei der Sparda-Bank um eine Filialbank handelt, können Sie alle Bankgeschäfte auch mit Kundenbetreuern abwickeln. Darüber hinaus können Sie eine Vielzahl von Funktionen Ihres Girokontos ebenso an den Selbstbedienungsterminals der Bank nutzen und steuern.

Telefon-Banking und Online-Banking sind möglich. In beiden Fällen tragen Sie bei Nutzung dieser Dienste die anfallenden Telefon- oder Online-Gebühren.

Die kostenfreie Bargeldversorgung ist an allen institutseigenen Geldautomaten und im Rahmen des CashPool-Verbunds an über 2.000 inländischen Geldautomaten der Partnerbanken Allbank, Anton Hafner Bankgeschäft, Bankhaus Gebr. Martin, Bankhaus Ludwig Sperrer, Bankhaus Max Flessa, Bank Schilling & Co., BW-Bank, CC-Bank, Citibank, Erste Rosenheimer Privatbank, Fürstlich Castell´sche Bank Credit-Casse, Gabler-Saliter Bankgeschäft, Merkur Bank, National Bank, SchmidtBank, SEB und Wüstenrot.

Nach dem Erwerb eines Genossenschaftsanteils in Höhe von 52 Euro erhalten Sie alle beschriebenen Kostenlosleistungen.

Jeder Inhaber des Kontos, der einen Genossenschaftsanteil erworben hat, erhält jeweils eine ec-Maestro-Karte kostenlos.

Ihr Genossenschaftsanteil, den Sie übrigens bei Verlassen der Bank wieder zurückerhalten, wird sogar noch jährlich, wenn auch ohne Garantie, mit einer Ausschüttung von etwa sechs Prozent versehen. Pro Person dürfen Sie übrigens maximal drei Anteile in Höhe von jeweils 52 Euro erwerben.

Sparda-Bank Berlin eG
Storkower Straße 101 A
10407 Berlin
Telefon: 0 30/4 28 30-0
Telefax: 0 30/4 28 30-2 87
Internet: http://www.sparda-b.de

Sparda-Bank Hamburg eG
Präsident-Krahn-Straße 16 – 17
22765 Hamburg
Telefon: 0 40/38 01 53 58
Telefax: 0 40/3 80 69 89
Internet: http://www.sparda-hh.de

Sparda-Bank München eG
Arnulfstraße 15
80335 München
Telefon: 0 89/55 14 24 00
Telefax: 0 89/55 14 21 05
Internet: http://www.sparda-m.de

CitiBest

Das CitiBest-Girokonto der Citibank bietet einen außergewöhnlich großen Leistungsumfang – und ist dabei kostenfrei.

Kontogebühren werden nicht berechnet. Die Buchungen sind alle umsonst und damit auch sämtliche Überweisungen. Ebenfalls kostenlos ist die Einrichtung, Änderung oder Löschung von Daueraufträgen.

Jeder Kontoinhaber erhält jeweils eine goldene ec-Maestro-Karte. Monatlich wird Ihnen ein Finanzstatus kostenlos, also inklusive der Versandkosten zugesandt. Zudem können Sie jederzeit und natürlich kostenlos Kontoauszüge an den Kontoauszugsdruckern der Citibank erstellen lassen. Darüber hinaus stellt Ihnen die Citibank kostenlos eine Visa-Gold-Kreditkarte aus. Gebühren für den Einsatz der Karte außerhalb des europäischen Währungsraums fallen, wie bei den meisten Banken, an.

Einen Dispositionskredit können Sie, wenn die üblichen Bedingungen erfüllt sind, nutzen, kostenlos ist er selbstverständlich nicht. Der bei Ihrer bisherigen Bank in Anspruch genommene Dispo kann in der Regel übernommen werden. Ein Guthaben auf dem CitiBest-Konto wird in Abhängigkeit von der Geldsumme mit 0,5 bis 2 Prozent per anno verzinst.

Da die Citibank eine Filialbank ist, können alle Bankgeschäfte auch mit Kundenbetreuern durchgeführt werden. Außerdem ist es möglich viele Kontofunktionen unabhängig von den Öffnungszeiten an Selbstbedienungsautomaten oder in gesonderten BankingCentern zu nutzen und zu steuern.

Die kostenfreie Bargeldversorgung ist an allen institutseigenen Geldautomaten und im Rahmen des CashPool-Verbunds an über 2.000 inländischen Geldautomaten der Partnerbanken Allbank, Anton Hafner Bankgeschäft, Bankhaus Gebr. Martin, Bankhaus Ludwig Sperrer, Bankhaus Max Flessa, Bank Schilling & Co., BW-Bank, CC-Bank, Erste Rosenheimer Privatbank, Fürstlich Castell´sche Bank Credit-Casse, Gabler-Saliter Bankgeschäft, Merkur Bank, National Bank, SchmidtBank, SEB, Sparda-Banken und Wüstenrot. Ein Verzeichnis aller Standorte erhalten Sie bei der Citibank.

Zudem können Sie via Telefon-Banking oder Online-Banking auf Ihr Konto zuzugreifen. Gesprächsgebühren oder Onlinekosten müssen Sie dabei selbst tragen. Bis einschließlich der zehnten getätigten Online-Überweisung pro Monat werden ihrem Konto jeweils 15 Cent gutgeschrieben. Damit dürften die Ihnen entstehenden Online-Kosten bei Überweisungen mehr als gedeckt sein.

Eine Besonderheit dieses Kontoangebots sind die Auslandsservices der Citibank. Eine Auswahl wichtiger Kontofunktionen, wie zum Beispiel Bargeldverfügung oder Kontostandsabfrage, können in allen Filialen der Welt an den Selbstbedienungsautomaten getätigt werden.

Weitergehende Kontofunktionen sind im europäischen Raum nutzbar. Dies alles übrigens auch in deutscher Sprache. 1.200 Filialen in 40 Ländern stehen Ihnen zur Verfügung, davon rund 300 in Deutschland.

Kostenlos können Sie an allen Geldautomaten der über den Globus verstreuten Citibank-Filialen über Ihr Guthaben auf dem Girokonto in der entsprechenden Landeswährung verfügen. Weder wird für solche Abhebevorgänge eine Gebühr verlangt, noch ein für Sie ungünstiger Umrechnungskurs zugrunde gelegt, schließlich käme dies einer Gebühr gleich.

Um alle beschriebenen Gratisleistungen kostenlos nutzen zu können, müssen Sie nicht etwa über eine bestimmte Einkommenshöhe verfügen, wohl aber eine andere Bedingung erfüllen. 2.500 Euro kontinuierliches Guthaben müssen mindestens bei der Citibank liegen. Ob auf dem Girokonto, Sparbuch oder im Wertpapierdepot ist dabei egal. Wenn Sie wollen und eine entsprechende Anlageform gewählt haben, können Sie über diesen Betrag, wann immer Sie auch die Citibank verlassen mögen, frei verfügen.

Citibank Privatkunden AG
Kasernenstraße 10
40213 Düsseldorf
Telefon: 0 180 3-11 11 88 51
Telefax: 02 11/9 43 42 22
Internet: http://www.citibank.de

SEB Kostenloses Gehaltskonto

Nach Ikea und H&M möchten die Schweden nun auch die Bankenwelt erobern. Die schwedische SEB kaufte die ehemalige BfG. Am Angebot eines kostenlos geführten Kontos hat sich durch diese Übernahme aber nichts geändert. Für die Führung des Girokontos wird also 0,0 Cent Gebühr verlangt.

Alle Buchungen, und damit auch alle Überweisungen, laufen kostenfrei. Kostenbefreiung gilt auch für die Einrichtung, Änderung oder Löschung von Daueraufträgen. Ebenso die Kontoauszüge erhalten Sie am Kontoauszugsdrucker kostenlos.

Sie und Ihr Partner erhalten gratis eine ec-Maestro-Karte. Auf Wunsch erhalten Sie eine Kreditkarte von Visa kostenlos, sofern Sie mit dieser Karte mindestens 750 Euro jährlich umsetzen. Durch regelmäßige Einsätze der Karte beim Tanken und bei Einkäufen dürfte diese Bedingung problemlos zu erfüllen sein. Gebühren bei Einsätzen außerhalb des europäischen Währungsraums fallen an, wie dies bei den meisten Banken noch der Fall ist.

Selbstverständlich erhalten Sie, sofern die üblichen Bedingungen erfüllt sind, auch einen Dispositionskredit. Der schon bei Ihrer alten Bank in Anspruch genommene Dispo wird in der Regel übernommen.

Bei der SEB Bank können, da es sich um eine Filialbank handelt, alle Bankgeschäfte mit Kundenbetreuern durchgeführt werden.

Die kostenfreie Bargeldversorgung ist an allen institutseigenen Geldautomaten und sowie im Rahmen des

CashPool-Verbundes an über 2.000 inländischen Geldautomaten der Partnerbanken Allbank, Anton Hafner Bankgeschäft, Bankhaus Gebr. Martin, Bankhaus Ludwig Sperrer, Bankhaus Max Flessa, Bank Schilling & Co., BW-Bank, CC-Bank, Citibank, Erste Rosenheimer Privatbank, Fürstlich Castell'sche Bank Credit-Casse, Gabler-Saliter Bankgeschäft, Merkur Bank, National Bank, SchmidtBank, Sparda-Banken und Wüstenrot möglich. Ein Verzeichnis aller Standorte erhalten Sie bei der SEB Bank.

Ihr SEB-Girokonto können Sie auch per Telefon-Banking führen, die Gesprächsgebühren tragen Sie. Führen Sie Ihr Girokonto via Internet ist es möglich das sicherere HBCI-Verfahren zu nutzen, zu dessen Verwendung Sie eine Chipkarte und ein Chipkartenlesegerät benötigen. Damit brauchen Sie zum Kontozugang nur eine Geheimzahl und nicht auch noch, wie sonst üblich, eine Liste mit TAN-Nummern.

Bevor Sie nun das Gratis-Girokonto der SEB Bank nutzen können, sollten Sie nur noch eine Bedingung erfüllen: Sie müssen einen festen Gehaltseingang von monatlich mindestens 1.000 Euro vorweisen können.

SEB Bank AG
Mainzer Landstraße 16
60283 Frankfurt am Main
Telefon: 0 69/2 58 65 20
Telefax: 0 69/2 58 64 09
Internet: http://www.seb.de

Kontowechselservice kostenlos

Viele Inhaber eines kostenpflichtigen Girokontos schrecken offenbar vor dem Arbeitsaufwand zurück, den ein Kontowechsel in ihren Augen mit sich bringt. Diese Angst aber ist unbegründet. Nutzen Sie einfach den Kontoumzugsservice Ihrer neuen Bank.

Durch die nämlich kann das alte Konto aufgelöst werden. Der Gang zum Vorgängerinstitut entfällt. Bitten Sie Ihre neue Bank, das alte Konto frühestens drei Monate nach Eröffnung des neuen Kontos aufzulösen.

Sie erhalten in der Regel Postkarten, um dem Arbeitgeber, Versicherungen, Zeitungsverlagen etc. Ihre neue Bankverbindung mitzuteilen. Die ausgefüllten Karten lassen Sie von Ihrer neuen Bank verschicken.

Kreditkarte kostenlos

Karstadt MasterCard

Vom Warenhauskonzern Karstadt erhalten Sie eine Kreditkarte von Eurocard/Mastercard ohne Berechnung der Jahresgebühr. Gebühren für den Einsatz der Karte außerhalb des europäischen Währungsraumes fallen, wie bei den meisten Banken, an. Die monatliche Abrechnung mit der Auflistung aller über die Karte getätigten Umsätze ist inklusive. Mit der Karte profitieren Sie gleichzeitig vom HappyDigits-Programm von Karstadt, karstadt.de, Hertie, Wertheim, Alsterhaus, KaDeWe, Runners Point, Neckermann, Quelle, T-Mobil, T-Online und T-Com. Bei allen Sammelpartnern wird Ihnen pro Euro Umsatz automatisch ein Digit gutgeschrieben. Diese gesammelten Bonuspunkte können Sie dann in Prämien eintauschen.

KarstadtQuelle Bank
Flughafenstraße 21
Telefon: 0 18 05-20 26 36
Telefax: 0 69/6 97 95-1 98
eMail: kundenkartenservice@karstadtquellebank.de
Internet: http://www.karstadtquellebank.de

MercedesCard

Gehören Sie einem bestimmten Personenkreis an, erhalten Sie eine Kreditkarte von Visa grundgebührenfrei. Es handelt sich dabei um die MercedesCard. Für den Auslandseinsatz außerhalb des europäischen Währungsraums fallen die üblichen Kosten an.

Die Kreditkarte kann mit jedem in Deutschland bestehenden Girokonto gekoppelt werden.

Einmal pro Jahr erhalten Sie kostenlos zwei Karten für eine Kino-Preview in Programmkinos großer deutscher Städte.

Einmal pro Jahr können Sie zwei Eintrittskarten zur Automobilausstellung IAA zu besonderen Konditionen bestellen.

Und: Viermal im Jahr wird Ihnen das Journal MercedesCard kostenlos zugesandt.

Ebenfalls alle drei Monate finden Sie das Magazin Mercedes kostenlos in Ihrem Briefkasten. Ein aufwändig gestaltetes und lesenswertes Magazin, unter anderem mit Reiseberichten und technisch-naturwissenschaftlichen Themen.

Zum Ende jeden Jahres können Sie den Mercedes-Benz-Pkw-Kalender bestellen. Nur die Versandgebühr ist von Ihnen zu tragen. Allein der Kalender kostet normalerweise rund 25 Euro.

Auf Wunsch erhalten Sie ebenso vergünstigte Abonnements der Zeitschriften abenteuer & reisen und auto, motor und sport.

Als MercedesCard-Inhaber nehmen Sie zudem automatisch am Mercedes-Benz Bonusprogramm „RoadMiles" teil. Immer, wenn Sie mit Ihrer MercedesCard bezahlen, werden Ihnen Mercedes-Benz RoadMiles gutgeschrieben. Die gesammelten RoadMiles können Sie dann gegen Produkte und Diesntleistungen aus dem MercedesCard-Prämienkatalog eintauschen.

Um alle Vorteile der MercedesCard kostenlos nutzen zu können, sind zwei Bedingungen zu erfüllen: Sie müssen Fahrer oder Besitzer eines Mercedes-Benz-Pkw oder -Geländewagens sein. Mercedes-Pkw sind A-, C-, E- und S-Klasse sowie SLK, CLK, SLR und V-Klasse. Zu den Mercedes-Geländewagen zählen M-Klasse und die G-Modelle. Es handelt sich also um alle Fahrzeuge, die für den Transport von Personen ausgelegt sind. Diese Fahrzeuge tragen bei Mercedes eine W-Nummer, zum Beispiel „W124".

Übrigens: Als regelmäßiger Fahrer eines Mercedes-Benz-Pkw oder Mercedes-Benz-Geländewagens müssen Sie nicht zwangsläufig Besitzer des Wagens sein. Gibt es beispielsweise in Ihrer Familie einen entsprechenden Mercedes und Sie fahren regelmäßig mit diesem Wagen, so haben Sie die erste Bedingung bereits erfüllt.

Fahrer oder Besitzer eines Smart oder eines Mercedes-Benz-Lkw erhalten die MercedesCard leider nicht.

Außerdem gilt für den Erhalt der MercedesCard noch eine zweite Bedingung: Einmal im Jahr müssen Sie einen zweiseitigen Fragebogen ausfüllen. Es werden Ihnen zum Beispiel Fragen nach kulturellen Vorlieben gestellt oder Anregungen für den MercedesCard-Service erbeten. Die Rücksendung des Fragebogens ist für Sie selbstverständlich kostenlos.

Die Antragsunterlagen für die MercedesCard sind oft in Mercedes-Benz-Niederlassungen zu finden oder aber besser unter der nachfolgend angeführten kostenlosen Rufnummer bei MercedesCard anzufordern.

MercedesCard

Postfach 60 03 65

70303 Stuttgart

Telefon: 00 800-62 00 31 90

Telefax: 00 800-62 38 36 87

Internet: http://www.mercedes-benz.de

Saturn-Kundenkarte VISA

Die Elektrohandelskette Saturn stellt Ihnen grundgebührenfrei eine Kreditkarte von Visa zur Verfügung. Wie bei den meisten Kreditkarten fallen Gebühren für den Einsatz der Karte außerhalb des europäischen Währungsraumes an. Die Saturn-Karte wird Ihnen, Bonität vorausgesetzt, ohne weitere Bedingungen ausgestellt. Monatlich erhalten Sie einen Kartenkontoauszug. Den Kontostand können Sie jederzeit auch per Telefon abfragen.

Die Karte wird von Saturn in Kooperation mit der Citibank herausgegeben. Um die Karte zu erhalten brauchen Sie aber weder Kunde bei Saturn, noch bei der Citibank zu sein. Einen Kartenantrag erhalten Sie in den Saturn-Filialen oder im Internet.

Damit die Karte auch beitragsfrei bleibt, sollten Sie unter dem Punkt „Rückzahlungswunsch" oder „Ausgleich der Monatsrechnung" einen Bankeinzug in Höhe von 100 Prozent wählen, damit keine Kreditzinsen auf die von Ihnen in Anspruch genommenen Betrag berechnet werden.

Internet: http://www.saturn.de

Bargeldbezug im Ausland kostenlos

Wenn Sie mit Ihrer ec-Maestro-Karte im Ausland Bargeld aus dem Automaten einer fremden Bank ziehen, kostet das Ihr Geld. Dies gilt erst recht, wenn Sie mit Ihrer Kreditkarte einen Geldautomaten nutzen wollen.

Bargeld erhalten Sie im Ausland aber auch kostenlos. Das heißt, ohne dass Ihnen zusätzliche Gebühren berechnet werden oder Ihrer Abhebung gar ein ungünstiger Umtauschkurs zugrunde gelegt würde.

Postbank SparCard 3000 Plus

Beantragen Sie bei der Postbank die SparCard 3000 Plus. Dabei handelt es sich eigentlich nur um die moderne Form eines Sparbuchs.

Die Mindesteinlage beträgt eine Mark. Die Verzinsung soll hier aufgrund des Einsatzzweckes unberücksichtigt bleiben.

Der Schlüssel zu diesem Sparbuch ist eine Karte. Sie ermöglicht es Ihnen, an allen bundesdeutschen Postbank-Geldautomaten über Ihr Guthaben zu verfügen und sich an allen bundesdeutschen Postbankauszugsdruckern über den aktuellen Stand Ihres SparCard-Kontos zu informieren.

Im Ausland können Sie mit Ihrer SparCard weltweit an allen rund 700.000 Geldautomaten mit dem VisaPlus-Akzeptanzsymbol Bargeld in der entsprechenden Landeswährung abheben. Pro Jahr sind vier Abhebungen kostenfrei, alle darüber hinausgehenden Abhebungen kosten Geld.

Möchten Sie während Ihrer Auslandsaufenthalte mehr als viermal pro Jahr kostenfrei Geld abheben, dann eröffnen Ihr Partner oder Sie selbst einfach ein weiteres SparCard 3000-Plus-Konto bei der Postbank.

Postbank Hamburg

22283 Hamburg

Telefon: 0 180 3-04 05 00

Telefax: 0 180 3-04 08 00

Internet: http://www.postbank.de

SparCard

Die Deutschbanker verschenken selten etwas. Tun Sie es doch, dann sollten Sie zuschlagen. Kostenlose Bargeldversorgung im Ausland, also ohne die Berechnung zusätzlicher Gebühren oder die Zugrundelegung eines ungünstigen Umtauschkurses, ist mit der SparCard möglich. Das moderne Sparbuch ist heutzutage eine Karte, so auch bei der Deutschen Bank. Informationen über Ihr Guthaben erhalten Sie online oder an Kontoauszugsdruckern. Ihr Hauptaugenmerk sollten Sie bei diesem Finanzprodukt nicht auf die Verzinsung richten, schließlich werden Sie dieses Konto wohl vorrangig betreiben, um das deutschland- und weltweite Netz kostenloser Abhebestandorte zu nutzen. In Deutschland können Sie Bargeld an den Automaten der Deutschen Bank Gruppe und all jener Banken beziehen, die sich in der CashGroup zusammengeschlossen haben. Dies sind Commerzbank, Dresdner Bank, HypoVereinsbank und deren Tochtergesellschaften sowie die Postbank. Im Ausland können Sie neben den Geldautomaten der Deutsche Bank Gruppe auf etwa 25.000 Automaten internationaler Kooperationspartner der Deutschen Bank zugreifen. Dies sind für Großbritannien, Kenia, Mauritius, Tansania und Simbabwe das Finanzinstitut „Barclays", für Kanada, Chile, Mexiko, Antigua, Barbuda, Bahamas, Barbados, Kaiman-Inseln, Dominica, Grenada, Jamaika, Niederländische Antillen, St. Lucia, St. Vincent, Grenadinen, St. Marteen, St. Kitts, Trinidad, Tobago und die Jungfern-Inseln das Geldhaus „Scotiabank" sowie für Australien und Neuseeland die Bank „Westpac".

Deutsche Bank
Direkt Banking
Postfach 24
53244 Bonn
Telefon: 0 18 03-24 00 00
Telefax: 0 18 03-24 00 25
Internet: http://www.deutsche-bank.de

Einkauf

Rabatt ohne Ende

Mit Rabattaktionen werden Sie in Warenhäusern und auch im Fachhandel immer wieder konfrontiert. Das Problem ist aber oft, dass jene Produkte, die man gerade benötigt, in einem solchen Moment nicht rabattiert werden. Besser wäre es also, wenn man über bestimmte Rubriken nach Rabatten suchen könnte.

raba.tt bietet die Lösung. Sie müssen lediglich bei raba.tt Mitglied werden. Die Mitgliedschaft ist kostenfrei und verpflichtet Sie zu nichts.

Die Partnerunternehmen dieses Rabattpools bieten ausschließlich raba.tt-Mitgliedern Coupons an, welche beim Einkauf entweder online oder aber ausgedruckt vor Ort eingelöst werden können.

Bei allen angebotenen Coupons handelt es sich um echte Rabatte, die auf den beim ausgewählten Anbieter geltenden Originalpreis gewährt werden.

Die Online-Coupons Ihrer Wahl sind übrigens direkt verknüpft mit den diese Coupons offerierenden Anbietern. Haben Sie sich also für einen Coupon entschieden, gelangen Sie nach dem anklicken direkt zum entsprechenden Anbieter und der Rabattcoupon ist bereits eingelöst.

Das gewählte Produkt wird dann zum ermäßigten Preis geliefert.

Ist das gesamte Sortiment eines Anbieters rabattiert, wird der ausgewiesene Prozentsatz automatisch von der Rechnungssumme abgezogen.

Möchten Sie vor Ort bei einem Händler einkaufen, nehmen Sie einfach die Printcoupons in Anspruch. Haben Sie sich für einen einzelnen Coupon entschieden, können Sie diesen unmittelbar ausdrucken. Aber Sie können auch erst einmal auf der raba.tt-Seite nur herumstöbern, jeden von Ihnen ausgewählten Coupon in die so genannte Coupon-Tasche legen und später in einem Schritt ausdrucken.

Beim Kauf legen Sie den entsprechenden Printcoupon an der Kasse vor und kommen sofort in den Genuss der auf dem Coupon ausgewiesenen Preissenkung.

raba.tt
Gautinger Str. 10
82319 Starnberg
Telefon: 0 81 51/9 02 89-80
Telefax: 0 81 51/9 02 89-80
E-Mail: info@raba.tt
Internet: http://www.raba.tt

Preis- und Leistungsvergleich kostenlos

Vor dem Kauf eines Produkts oder der Inanspruchnahme einer Dienstleistung ist das Durchführen eines

Preisvergleichs das wohl aussichtsreichste Verfahren, um einen möglichst niedrigen Einkaufspreis zu ermitteln. Kann bereits ein lokaler Preisvergleich viel Zeit kosten, ist eine landesweite Gegenüberstellung von Preisen dem berufstätigen Menschen kaum noch zuzumuten. Wer sich nun noch vornimmt die Preise von im Internet präsenten Händlern zu erfassen, dürfte endgültig kapitulieren.

Die Lösung: Im Internet gibt es Anbieter, die Ihnen solche Mühen abnehmen. Manche vergleichen die Preise von Lebensmittel-Discountern, andere erfassen die Preise der Internethändler und wieder andere beziehen sogar den stationären Handel in ihre Preisvergleiche mit ein.

Um einen möglichst umfassenden Überblick zu erhalten, sollten Sie unbedingt die Dienste mehrerer Preisvergleichsanbieter nutzen.

Alle nachfolgend aufgeführten und beschriebenen Anbieter leisten Ihre Services für Sie, ohne dafür Kosten zu berechnen. Sie aber sparen viel Zeit und Geld.

Preiszeiger

Die Preise der in Deutschland führenden Lebensmittel-Discounter Aldi, Lidl, Netto, Penny und Plus erhebt und vergleicht Preiszeiger für Sie in gut strukturierter und damit übersichtlicher Form.

Vorbereitete Einkaufslisten, welche den durchschnittlichen Bedarf an Discountartikeln der verschiedenen Haushaltstypen vom Single bis zur Familie enthalten, zeigen

Ihnen auf einen Blick, bei welchem Discounter ausgewählte Standardartikel am wenigsten kosten.

Internet: http://www.preiszeiger.de

Atesto!

Der Preis ist zweifelsohne ein wichtiges Kriterium für eine Kaufentscheidung. Aber wie steht es mit der Qualität der Produkte? Atesto! kennt „Nur die Besten". Auf den Internetseiten dieses Anbieters werden ausschließlich jene Produkte und Dienstleistungen vorgestellt, die mindestens einmal Testsieger waren. Nutzen Sie den Service und schützen Sie sich auf diese Weise vor vermeidbaren Fehlinvestitionen. Zweit- oder drittplatzierte Anbieter, deren Produkte oder Dienstleistungen ebenfalls einen Kauf wert sein könnten, werden allerdings nicht ausgewiesen. Sobald Sie kostenlos angemeldet sind, haben sie vollen Zugriff auf alle gelisteten Testsieger und können sich für Ihren Einkauf eine Liste zusammenstellen und ausdrucken.

E-Mail: info@atesto.de
Internet: http://www.atesto.de

eVendi

eVendi informiert Sie über Preise, Auswahl und Bezugsquellen von Produkten im Bereich Technik.

Zum von Ihnen ausgewählten Produkt wird eine unbewertete Preisübersicht der bei eVendi registrierten Anbieter ausgeworfen. Mit einem Klick gelangen Sie zum entsprechenden Anbieter und können dann auf dessen Seite einkaufen.

Sogar ein auf die Großstädte Berlin, Hamburg und München begrenzter Preisvergleich des Angebotes zahlreicher stationärer Geschäfte ist unter ‚eVendi City' möglich.

Internet: http://www.eVendi.de

GuensTiger

Der GuensTiger weist neutral und händlerunabhängig die besten Produktpreise aus, mehrmals wöchentlich aktualisiert.

Sie können das Angebot durch Direkteingabe der gewünschten Ware oder aber nach Produktgruppen durchsuchen.

Finden Sie ihr Wunschprodukt partout nicht, senden Sie eine E-Mail an den GuensTiger und er versucht für Sie das günstigste Produkt zu finden.

Sie stehen gerade im Warenhaus oder beim Händler im Geschäft? Vergleichen Sie die Preise dann vor Ort mit Ihrem Handy, indem Sie über das jeweilige WAP-Portal der Mobilfunknetzbetreiber T-Mobil, Vodafone, e-plus oder O_2 auf die GuensTiger-Suche zugreifen.

Sind Sie im Besitz eine i-mode-Handsets, erreichen Sie den Service auch auf diesem Weg.

Bei T-Mobile schließlich ist die Preisabfrage kostenpflichtig auch per einfacher SMS möglich. Hierzu senden Sie eine Kurznachricht mit der Hersteller- und Produktbezeichnung Ihres Wunschprodukts, zum Beispiel „Nokia 7650" an die T-D1-Kurzwahl, und erhalten „SMS-wendend" Antwort.

Je genauer Sie den Produktnamen angeben, desto eindeutiger fällt das Ergebnis der Preisrecherche aus.

T-Mobile: Kurzwahl 72980

Internet: http://www.GuensTiger.de

idealo

Der Dienstleister idealo bietet Marktübersicht, Produktvergleich und Preisvergleich in einem.

Bei idealo können Sie außerdem auf den Händlervergleich, ein zugreifen. Das unabhängige Händlerbewertungssystem basiert auf den Bewertungen der Nutzer dieses Services.

Internet: http://www.idealo.de

metabizz

Nach Eingabe Ihrer Suchanfrage durchsucht metabizz die Angebote verschiedener Onlinehändler parallel und in Echtzeit.

Die ausgeworfenen Suchergebnisse stammen dementsprechend nicht aus einem Datenarchiv, sondern sind stets aktuell.

Internet: http://www.metabizz.de

preisauskunft

In über 250 Kategorien durchsucht preisauskunft die Angebote von über 1.000 Onlinehändlern direkt.
Über einen Link zum Anbieter können Sie dann bestellen.

Internet: http://www.preisauskunft.de

PriceContrast

PriceContrast bietet Ihnen nach der Registrierung Preisvergleich, Produktinformation und direkte Bestellmöglichkeit bei über 700 Händlern.

Wissen Sie bereits welches Produkt Sie suchen, nutzen Sie die Volltextsuche. Suchen Sie ein Produkt mit bestimmten Eigenschaften, wählen Sie die Parametersuche. Haben Sie sich bereits für einen bestimmten Hersteller entschieden, gehen Sie den Weg über die Kategoriensuche.

Das jeweilige Suchergebnis weist den Preis, die gewährte Garantie, die Lieferzeit und mögliche Zahlungsarten sowie die Bewertung des entsprechenden Händlers durch bisherige Käufer aus.

Ihr Kauf findet gleich auf der Seite von PriceContrast statt und unterliegt den für alle Bestellungen einheitlichen Allgemeinen Geschäftsbedingungen (AGB) dieser Seite. Kurz darauf erhalten Sie eine E-Mail zur Bestätigung Ihrer Bestellung.

Sollten Sie Fragen zu Produkt und Lieferung haben, wenden Sie sich direkt an den Händler. Sollten etwaige Probleme auf diesem Wege nicht gelöst werden können, sprechen Sie über eine kostenlose Rufnummer, welche Ihnen nach Bestelleingang mitgeteilt wird, PriceContrast direkt an.

Telefon: 0 180 2-77 42 32
E-Mail: info@pricecontrast.com
Internet: http://www.PriceContrast.com

PreisTrend

PreisTrend vergleicht für Sie tagesaktuell Preise von Produkten aus den Bereichen Computer, Telekommunikation und Unterhaltungselektronik.
Alle gefundenen Preise werden brutto ausgewiesen.

Internet: http://www.PreisTrend.de

uCompare

uCompare ist ein Service von freenet.de und ermöglicht es Ihnen in über 100 Kategorien Produkte, deren Preise und die Serviceleistungen verschiedener Anbieter im Internet zu vergleichen und auch direkt zu bestellen.

Zu einer großen Zahl der verglichenen Produkte finden Sie außerdem detaillierte Informationen.

Internet: http://www.uCompare.de

Produkte kostenlos

Gesundheit aus Bayern

Sie leben im verarmten Berlin oder Bremen? Organisieren Sie sich Ihren privaten Länderfinanzausgleich. Das Bayerische Staatsministerium für Gesundheit, Ernährung und Verbraucherschutz verschenkt nämlich hochwertige Druckschriften zu gesundheitlichen Themen. Und das ist auch gut so, wird man in Berlin aufatmend feststellen.

Der Freistaat bietet Ihnen Schriften zu nachfolgend aufgeführten Themen.

Ernährung und Gesundheit:

- Alles über Kalorien
- Hygiene Leitfaden
- Trink Dich Fit! Trinkempfehlungen für Breitensportler
- Frühstück + Pausenbrot. Starthilfe für erfolgreiche Schultage
- Kinder richtig ernährt

- Obst und Gemüse: Richtiger Umgang – mehr Genuss
- Sekundäre Pflanzenstoffe in Obst und Gemüse – aktiv für die Gesundheit
- Aktiv und vital durch sekundäre Pflanzenstoffe
- Jod - so wichtig wie das täglich Brot

Medizin und Gesundheit:
- Aktion: Bewusstsein für Brustkrebs
- Hepatitis C
- Vorsicht Gift – Gefahren für Kinder
- Aktiv gegen Darmkrebs
- Wie schütze ich mich vor Infektionsgefahren in freier Natur?
- Ist angenehmer Duft auch immer gesund? Riech-, Duft- und Aromastoffe

Alle Exemplare werden kostenlos abgegeben, die Höchstzahl pro Bestellung ist aber auf fünf Stück je Titel begrenzt.

Bayerisches Staatsministerium für Gesundheit, Ernährung und Verbraucherschutz
Postfach 430263
80732 München
Telefon: 0 89/21 70-04
Telefax: 0 89/21 70-27 00
E-Mail: poststelle@stmgev.bayern.de
Internet: http://www.stmgev.bayern.de/broschueren/start.htm

Größere Stückzahlen einer Publikation können Sie unter der Telefonnummer 089/2170-2656 oder der E-Mail-Adresse broschueren@stmgev.bayern.de anfordern.

Super Ministerium

Das Wirtschaftsministerium möchte Sie auf Ihrem hoffentlich erfolgreichen Weg in die Selbständigkeit begleiten und mit wertvollen Informationen unterstützen.

Kostenlos erhalten Sie nachfolgend aufgeführte Software:
Das „Softwarepaket für Gründer und junge Unternehmen" auf CD-ROM, sowie den „Gründerleitfaden Multimedia" auf CD-ROM.

Ebenfalls kostenlos erhalten Sie nachfolgend aufgeführte Medien:
Die Druckschrift „Starthilfe – der erfolgreiche Weg in die Selbständigkeit", sowie „Junge Unternehmen – die Schritte nach dem Start" und das Arbeitsheft „Früherkennung von Chancen und Risiken".

Außerdem können Sie kostenfrei nachfolgend aufgeführte Infobriefe aus der Reihe „Gründerzeiten" bestellen.

Wenn Sie Ihre Geschäftsidee in Schwung bringen wollen, bestellen Sie „Kunden gewinnen".
Sollte Ihr Geschäft schon laufen, lesen Sie „Soziale Absicherung für Existenzgründer und Unternehmer".

Wenn Ihre Bemühungen fruchtlos geblieben sind, widmen Sie sich dem Themenkomplex „Insolvenzen: Vorsorge und Krisenmanagement".

Alle Medien werden unentgeltlich abgegeben. Die Lieferung von Einzelexemplaren, insbesondere an Privatpersonen, erfolgt frei Haus.
Erst bei größeren Stückzahlen müssen Sie die Versandkosten tragen.

Bundesministerium für Wirtschaft und Technologie
Referat Öffentlichkeitsarbeit
Postfach 300 265
53182 Bonn
Telefon: 0 18 88-6 15 41 71
Telefax: 02 28/4 22 34 62
E-Mail: bmwi@gvp-bonn.de
Internet: http://www.bmwi.de

Entwicklungshilfe

Das Bundesministerium für wirtschaftliche Zusammenarbeit und Entwicklung bietet auch einiges. Denn sogar Sie als gut versorgter Bundesbürger können auf Hilfe durch das Ministerium hoffen.

Mit „Tatort Manila" schenkt Ihnen das Ministerium eine interessante CD-ROM. Diese interaktive Tatort-CD-ROM hilft, den Fernsehkrimi mit anderen Augen zu sehen und zeigt zum Beispiel einerseits, wie er produziert wurde, und andererseits, wie die Realität aussieht, die den Hintergrund für die Story geliefert hat.

Die CD-ROM umfasst 500 informative Texte, 350 Bilder, 70 Minuten Videoausschnitte und mehr als 60 Minuten Tondokumente.

„Unterwegs – Musik verbindet" heißt eine Musikkassette mit einer Spieldauer von circa 60 Minuten Spieldauer, die Ihnen auf Anfrage kostenlos zugeht.

Gehen Sie mit Liedern aus verschiedenen Regionen auf eine musikalische Reise durch die südliche Hemisphäre. Erhalten Sie außerdem erstaunliche Informationen über Hintergrund und Entstehung der Lieder. So erfahren Sie beispielsweise, dass der einst sehr populäre Lambadasong aus den bolivianischen Anden stammt.

Diese Artikel des Bundesministeriums sind sämtlich kostenlos. Und nur bei der Bestellung von mehr als fünf Exemplaren pro Artikel müssen Sie begründen, wofür Sie das Material einsetzen möchten.

Bundesministerium für wirtschaftliche Zusammenarbeit und Entwicklung
Referat 114 – Bestellung
Friedrich-Ebert-Allee 40
53113 Bonn
Telefon: 02 28/535-37 74 oder -37 75
Internet: http://www.bmz.de

Soziales Ministerium

Das Arbeitsministerium versorgt Sie mit einer Vielzahl hochwertiger Medien.

Nachfolgend aufgeführte CD-ROMs und Videos werden Ihnen kostenlos zugesandt:

CD-ROMs

Die hybride CD-ROM „Telearbeit – Ein Leitfaden für flexibles Arbeiten in der Praxis" läuft auf Windows-PC und Apple Macintosh.

Die einfache Teilzeit-Formel „Halbe Arbeit = halbes Gehalt" stimmt oft nicht. „Die CD zur Teilzeit und Altersteilzeit" ist eine CD-ROM, die zwei vom Bundesministerium entwickelte Programme enthält, mit denen Sie Ihr neues Teilzeit- oder Altersteilzeiteinkommen ausrechnen können.

Berücksichtigt werden beim Vorgehen auch die unterschiedlichen Bundesländer, die verschiedenen Sozialversicherungen, die Steuerklasse und die Kirchensteuer.

Im Teilzeitberechnungsprogramm können Sie Ihr bisheriges Bruttoeinkommen eingeben sowie Ihre momentane und gewünschte Wochenarbeitszeit. Das Programm berechnet daraufhin das neue Teilzeitgehalt.

Das Altersteilzeit-Berechnungsprogramm ermittelt für Sie das Netto-Altersteilzeitgehalt und legt außerdem, was die Altersteilzeit den Arbeitgeber kostet.

Als Bonustracks enthält die CD-ROM noch die Broschüren „Geringfügige Beschäftigung", „Teilzeit – alles was Recht ist", „Teilzeit –Perspektiven" und „Altersteilzeit ab 55".

Die kostenlose Hybrid-CD-ROM „Mitbestimmung – Unternehmensmitbestimmung und Betriebsverfassung" ist auf Windows-PC und Apple Macintosh zu benützen.

Die CD-ROM „Ratgeber für behinderte Menschen" ist hybrid und deshalb sowohl auf Windows-PC als auch auf Apple Macintosh einsetzbar.

Das „Statistische Taschenbuch" gibt es kostenlos auch auf CD-ROM.

Videos

"Arbeit hat ihre Regeln", das meint das Bundesministerium und schenkt Ihnen eine Videokassette zu diesem Thema.

Das Video stellt die Rechte und Pflichten von Arbeitgebern wie Arbeitnehmern von der Bewerbung über die Anstellung bis zum Ausscheiden aus dem Betrieb praxisnah dar.

Außerdem werden die Funktion der Arbeitnehmervertretung, also des Betriebsrats, und der Arbeitsgerichte aufgezeigt.

Der Videofilm auf der Kassette „Teilzeit" informiert Sie anhand von praktischen Beispielen über die verschiedenen Typen der Teilzeit, sowie über deren Vor- und Nachteile.

Das Video wendet sich gleichzeitig an Arbeitnehmer wie Arbeitgeber.

Auf der Videokassette „Die staatliche Förderung der Altersvorsorge" erfahren Sie Wissenswertes über die verschiedenen Formen der staatlichen Förderung der Altersvorsorge. Anhand konkreter Rechenbeispiele wird Ihnen erklärt, wie sich die Belastung und die Förderung von Einzelpersonen und Familien entwickelt. Zudem werden Sie über die Rechte und Pflichten des Antragsstellers als auch einzuhaltender Fristen informiert.

Alle zuvor aufgeführten Medien werden gratis abgegeben. Bestellungen von mehr als 99 Exemplaren eines Mediums müssen Sie per E-Mail aufgeben.

Bundesministerium für Arbeit und Sozialordnung
Wilhelmstraße 49
10117 Berlin
Telefon: 0 18 88-527-0
Telefax: 0 18 88-527-18 30 oder 0 30/2007-18 30
E-Mail: info@bma.bund.de
Internet: http://www.bma.de

Rechtstipps

Wertvolle Tipps könne man nie genug bekommen, meint die Redaktion von Rechtstipps. Recht hat Sie.

Mit den Ratschlägen zu juristischen Fragen geben Ihnen erfahrene Rechtsanwälte und Richter leicht verständliche Antworten zu Rechtsproblemen, die Ihnen tagtäglich begegnen können.
Jeder Beitrag wurde von Spezialisten auf dem jeweiligen Rechtsgebiet, also Richtern, Rechtsanwälten oder Juristen aus der Verwaltung, auf der Grundlage des neuesten Standes von Rechtsprechung und Gesetzgebung erarbeitet.
Besonders berücksichtigt werden bei Sprache und Inhalt die Bedürfnisse von Nichtjuristen. Komplexe juristische Fragestellungen werden anhand konkreter Sachverhalte und Alltagssituationen anschaulich und handlungsorientiert erläutert.

Das Rechtstipps-Handbuch mit seinen 2.900 Seiten voll von Expertenrat in juristischen Fragen erhalten Sie zum unverbindlichen Vier-Wochen-Test gratis.

Akademische Arbeitsgemeinschaft
Postfach 100 161
68001 Mannheim
Telefon: 06 21/86 26 00
Telefax: 06 21/86 26 09
info@akademische.de
Internet: http://www.rechtstipps.de

Internet

LeastCost-Router kostenlos

Der Zugang zum Internet kann heutzutage verhältnismäßig preiswert sein. Aber fast unüberschaubar groß ist die große Anzahl der verschiedenen Internet-by-Call-Anbieter. Zudem ist es für den Nutzer mittlerweile unzumutbar geworden, alle Daten und Bedingungen dieser Anbieter zu erfassen, zu vergleichen und zu verwalten.

Es müsste also eine Software geben, die all dieses leistet und noch dazu kostenlos ist. Einen so genannten LeastCost-Router, also ein Programm, das Sie immer auf den kostengünstigsten Weg leitet. Es gibt diese Software schon und sie hört auf den Namen „SmartSurfer".

Die kostenlose Software „SmartSurfer" kennt alle Internet-by-Call-Anbieter und -Tarife, verwaltet auch anmeldepflichtige Anbieter, sucht vor jeder Einwahl den günstigsten Preis und verbindet automatisch und ohne weitere Einstellungen.

Mindestens ebenso wichtig aber ist: Dieses Programm ist stets aktuell, dank kostenlosem Tarif-Update per Internet, das auf Wunsch auch automatisch, das heißt ohne weiteres Zutun, erfolgt.

Allerdings muss beim Internetzugang nicht nur der Preis, sondern auch die Qualität stimmen. Was nutzt der niedrigste Tarif, wenn die Leitungen überlastet oder die Verbindungen langsam sind.

Hier hilft der integrierte Anbietertest, der auf Wunsch einmal pro Tag oder bei jeder Einwahl ins Internet die Geschwindigkeit der Internetverbindung testet.

Planen Sie das Herunterladen einer größeren Datei aus dem Internet, können Sie zuvor einen Quick-Test des Internetzugangsanbieters starten, dessen Verbindung Sie zu nutzen beabsichtigen. So sparen Sie Zeit und Geld. Dank der Anbieter-Test-Auswertung liegt Ihnen zusätzlich eine Auswertung Ihrer persönlichen Testergebnisse vor.

Haben Sie Angst vor hinterlistigen 0190-Dialern, also Programmen, die sich via Internet unbemerkt in Ihrem Computer festsetzen und Ihre Verbindungen auf teurere Leitungen umlenken? Wenn Sie sich mit dem SmartSurfer ins Internet einwählen, warnt er Sie in Zukunft automatisch vor solcher Gefahr. Bei jedem Start des LeastCost-Routers prüft dieser die bereits auf Ihrem Computer bestehenden DFÜ-Netzwerkeinträge und erkennt automatisch unerwünschte 0190-Zugangsrufnummern. Ein Wächter im Hintergrund observiert ständig die Verbindung zum Internet und warnt, falls die Verbindung außerhalb des SmartSurfers getrennt wird. Sogar eine mögliche Einwahl über den zweiten ISDN-Kanal meldet Ihnen dieses außergewöhnliche Programm.

Die Software ist auf Ihrem Computer schnell und einfach installiert und auch ebenso leicht wieder entfernbar. Das

Installationsprogramm übernimmt alle notwendigen Schritte, ohne Ihr System und Ihre Konfiguration zu verändern. Nach der Installation des Programms surfen Sie immer so preisgünstig wie möglich. Sie brauchen keine Vertragsbindung mit irgendeinem Internet-Anbieter einzugehen und zahlen somit auch keine Grundgebühr. Sie können zwischen den Anbietern wechseln, ohne die Konfiguration zu ändern. Das Programm nimmt alle Einstellungen selbsttätig vor. Wenn Sie möchten, verbindet Sie der SmartSurfer nach Programmstart automatisch, ohne dass weitere Einstellungen vorgenommen werden müssen.

Ändert sich der Tarif eines Anbieters, blendet das Programm ein entsprechendes Informationsfenster ein und bietet Ihnen, sofern es möglich ist, eine kostengünstigere Verbindungsmöglichkeit an. Sie können dann den Vorschlag annehmen oder ablehnen.

Auch anmeldepflichtige Anbieter verwaltet der LeastCost-Router für Sie. Wählen Sie einfach den entsprechenden Anbieter aus der Liste, geben Sie Benutzernamen und Passwort des Anbieters ein und sofort ist auch diese Verbindung ins Internet problemlos zu nutzen. Wenn Sie möchten, informiert Sie das Programm ferner über Details zu Tarifen, Tarifzeiten, Hotlines und darüber, ob mit dem jeweiligen Anbieter eine Kanalbündelung möglich ist.

Die lange Anbieterliste des SmartSurfers können Sie durch die praktische Filterfunktion übersichtlicher gestalten. So können Sie sich beispielsweise ausschließlich anmeldefreie Anbieter anzeigen lassen oder aber auch nur solche Anbieter, die keine Einwahlgebühr verlangen. Die Sortierfunktion ermöglicht es Ihnen, die Tarife nach Ihren Vorgaben zu sortieren, zum Beispiel nach dem Preis, dem Anfangsbuchstaben des Anbieters oder der Übertragungsgeschwindigkeit.

Bei häufigem Wechseln zwischen verschiedenen Internetzugängen kann schnell die Übersicht über genutzte Anbieter und entstandene Online-Kosten verloren gehen. Der LeastCost-Router löst auch dieses Problem.
Automatisch können Sie eine Auflistung aller Verbindungen erstellen lassen und diese nach Belieben sortieren. Die Aufstellung nach verschiedenen Anbietern beispielsweise, ist ein hilfreiches Instrument, um Ihre Telefonrechnung zu überprüfen. Darüber hinaus ist die Kostendatei ex- und importierbar.

Die SmartSurfer-Software verwaltet auch die Ihnen gewährten Freiminuten oder gar Freistunden von Internet-Anbietern. Die Freiminutendatei ist ebenfalls ex- und importierbar, um Ihnen die Verwaltung Ihrer Freiminuten auf mehreren Computern zu ermöglichen.

Haben Sie auf Ihrem Computer bereits DFÜ-Einträge angelegt, können Sie diese unter SmartSurfer weiter nutzen. Das Programm übernimmt automatisch alle ihm bekannten bestehenden Einträge.

Das Programm läuft unter den Microsoft-Betriebssystemen Windows 95/98, Windows NT 4.0, Windows ME, Windows 2000 und Windows XP. Voraussetzung ist eine bereits vorhandene Installation des DFÜ-Netzwerks, des Windows TCP-IP-Protokolls und des Browsers Internet Explorer ab Version 4.0. Andere Browser können verwendet werden, der Internet Explorer muss aber installiert sein.

Da Sie sich durch die Nutzung des LeastCost-Routers nicht mehr ausschließlich an einen bestimmten Internetanbieter binden, sollten Sie sich eine providerunabhängige E-Mail-Adresse einrichten. Empfehlenswert sind in diesem Zusammenhang besonders zwei Anbieter, die, obschon Sie webbasiert sind, mit Microsoft Outlook zusammenarbeiten.

Zum einen ist dies der kostenlose Dienst „FreeMail" dessen Funktionen im Kapitel „Privates Büro" dieses Buches ausführlich beschrieben werden. Da FreeMail vom Entwickler des SmartSurfers betrieben wird, können Sie eine automatische Abfrage Ihres Postfaches einrichten. Bei der Internet-Einwahl erhalten Sie dann gleich Nachricht, ob neue E-Mails für Sie eingegangen sind.

Zum anderen können Sie Ihre providerunabhängige E-Mail-Adresse auch bei „Hotmail" einrichten. Dieser kostenlose E-Mail-Dienst wird von „MSN", dem „Microsoft Network" angeboten. Sofern auf Ihrem Computer der „Windows Messenger" installiert und entsprechend eingestellt ist, informiert er Sie bei jeder Interneteinwahl ebenso darüber, ob für Sie neue E-Mail-Nachrichten eingegangen sind.

Vor dem Download des SmartSurfers müssen Sie Ihren Vor- und Nachnamen sowie Ihre E-Mail-Adresse angeben. Zukünftig werden Sie dann über neue Versionen des Programms informiert. Außerdem erhalten Sie in Zukunft einen Newsletter, der Ihnen von den neuesten Entwicklungen rund um diese Software berichtet.

E-Mail: info@web.de
Internet: http://smartsurfer.web.de

Browser kostenlos

Im Internet surfen können Sie nur mit einem Browser, der Ihnen den Zugriff auf das World Wide Web ermöglicht.

Browser verschiedener Hersteller sind kostenlos und vor allem auch offline erhältlich, indem Sie sich von Internet-by-Call-Anbietern die Installations-CD-ROM zuschicken lassen. Auf dieser finden Sie meist einen, oft sogar zwei unterschiedliche Browser.

Ist auf Ihrem Computer bereits ein funktionsfähiger Browser installiert, können Sie sich die Software anderer Anbieter oder eine neuere Version Ihres Browsers direkt von den Herstellern der Programme aus dem Internet herunterladen.

Microsoft Internet Explorer

Der aktuelle Browser von Microsoft unterstützt alle für Internetnutzer relevanten Datei- und Medienformate.

Sofern Sie noch eine ältere Version nutzen und nicht alle Sicherheitsupdates implementiert haben, sollten Sie sich und Ihren Computer mit der aktuellsten Version verwöhnen. Es kostet ja schließlich nichts.

Den Internet Explorer erhalten Sie auch als Nutzer des Apple-Betriebssystems Mac OS X.
Die aktuelle Version unterstützt zusätzlich die neue Quartz-Text-Smoothing-Funktion jüngerer Mac OS X-Versionen.

Die Browser finden Sie im Download-Center bei Microsoft:
Internet: http://www.microsoft.com/germany

Netscape

Der neue Netscape-Browser bietet Funktionen wie den AOL Instant Messenger, den Download-Manager und die gleichzeitige Darstellung mehrerer Webseiten in einem Fenster.
Der Browser ist auch unter Windows XP und Mac OS X sowie Linux lauffähig.

Netscape Communicator

Diese Software beinhaltet neben dem eigentlichen Web-Browser auch einen E-Mail-Dienst und unterstützt alle gängigen Medienformate.
Das Programm ist unter Windows-, Macintosh- und Unix-Betriebssystemen lauffähig.

Die Browser finden Sie auf den Netscape Download-Seiten:

Internet: http://www.netscape.de

Opera

Einen kostenlosen Browser nutzen und schnell im Internet surfen? Das Programm Opera macht es möglich.

Dafür, dass die Software kostenlos ist, müssen Sie allerdings ein kleines Werbebanner in Kauf nehmen. Opera ist unter den Betriebssystemen Windows, Macintosh, Linux und OS/2 lauffähig.

Internet: http://www.opera.com

Bookmarkverwaltung kostenlos

Bookmarks können Sie über den Internetbrowser auf Ihrem PC verwalten. Wenn Sie aber öfter Ihren PC-Arbeitsplatz wechseln oder Internetcafés nutzen, haben Sie keinen Zugriff mehr auf Ihre Favoriten.

Die Bookmarkverwaltung im Internet ist die Lösung des Problems. Die nachfolgend beschriebenen Services sind kostenlos.

URLPartner

Mit URLPartner können Sie zentral Ihre Lieblingslinks speichern, verwalten und pflegen. Über die downloadbare „URLBox" sind Ihre Favoriten sogar offline nutzbar. Per

„QuickAdd" fügen Sie Internetadressen online per Mausklick hinzu. Mit der „Smart Synchronisation" können Sie Offline- und Online-Inhalte abgleichen. Außerdem lassen sich gespeicherte Webadressen zwischen URLPartner und den gängigsten Browsern im- und exportieren. Zum Kennen lernen und Testen des kostenlosen Services dient die Gastregistrierung.

Internet: http://www.urlpartner.de

everyday

Ihre Sammlung von Internet-Lieblingsseiten im WWW ist für Sie im „E-Office" immer und überall verfügbar, sofern Sie an einem Computer mit Internetzugang sitzen.

Internet: http://www.everyday.com

freenet

Mit dem Online-Office sind Ihre Internet-Favoriten immer verfügbar und können zusammen mit vielen anderen Menschen verwaltet und genutzt werden.

Internet: http://office.freenet.de

Homepage kostenlos

Vielleicht planen Sie den Aufbau einer eigenen Präsenz im World Wide Web, sind aber bisher vor den Mühen und Kosten des Aufbaus und Betriebs der Seiten zurückgeschreckt. Speicherplatz im Internet kostet ja gemeinhin Geld. Mit der Entrichtung einer einmaligen Gebühr ist es da nicht getan. Solange Sie den Speicherplatz auf einem Server, der Ihre Seiten vorhält, nutzen, müssen Sie dafür ebenfalls zahlen. Diese Dienstleistung ist aber auch kostenlos zu haben. Werbehinweise müssen Sie dann in der Regel akzeptieren.

Sie erhalten aber nicht nur Speicherplatz gratis. Den Roboter gibt es gratis dazu. Ein Homepageroboter erstellt nach Ihren Angaben den geplanten Internetauftritt für Sie. Um Ihre eigene Homepage ins Netz zu stellen, müssen Sie also kein Computerprogrammierer sein.

Der Gestaltungsspielraum ist hierbei natürlich geringer als bei der selbstständigen und freien Gestaltung eines Internetauftritts. Dafür fallen für Sie aber keine Kosten an und Sie sparen viel Arbeit.

Yahoo! GeoCities

In der Yahoo! GeoCities-Web-Community können Sie kostenlos Ihre eigene Homepage erstellen und veröffentlichen. GeoCities stellt Ihnen alle Werkzeuge zur Verfügung, die Sie zum Erstellen und Pflegen Ihrer Internet-Präsenz benötigen. Für die Erstellung Ihres Netzauftritts können Sie den Seitenassistenten für Anfänger oder den erweiterten HTML-Editor verwenden, letzterer wendet sich an Fortgeschrittene.

Wenn Sie sich mit HTML auskennen, ist es zu erwägen, dass Sie Ihren bereits bestehenden Auftritt nach Yahoo! GeoCities verschieben. Auf den GeoCities-eigenen FTP-Server können Sie die Dateien einfach hochladen.

Auf GeoCities steht Ihnen kostenloser Speicherplatz in Höhe von 15 Megabyte zur Verfügung. Der „Seitenassistent" genannte Roboter bietet Ihnen Vorlagen mit fertigem Layout an, die Sie nach eigenem Geschmack gestalten können. Eine kurze URL macht es anderen Internetnutzern leichter, sich Ihre Adresse zu merken.

GeoCities stellt Ihnen zusätzlich einfach zu installierende „Add-Ons" zur Verfügung, mit denen Sie Ihrem Auftritt angepasste, dynamische Funktionen hinzufügen und dadurch Ihre Web-Präsenz professioneller erscheinen lassen können. Zu diesen Add-Ons gehören unter anderem E-Mail-Formulare, ein Gästebuch, Zugriffszähler und detaillierte Seitenstatistiken, Zugriff auf den öffentlichen Yahoo!-Kalender, die Yahoo!-Auktionssuche, die Yahoo!-Suche sowie eine Anzeigenecke.

Mit dem Add-On „Online-Präsenz" lassen Sie Besucher Ihrer Seite wissen, ob Sie gerade online sind. Diese können Ihnen dann mit dem Yahoo!-Messenger eine InstantMessage schicken. Das Add-On „Wetterbericht" bereichert Ihren Auftritt mit Wetterberichten aus Städten auf der ganzen Welt. Genaue Daten, Diagramme und Vorhersagen informieren Ihre Webseitenbesucher über die lokalen Wetterbedingungen.

Schließlich können Sie noch mit dem Add-On „Schlagzeilen" automatisch aktualisierte Nachrichten von verschiedensten Anbietern in Ihre Webpräsenz integrieren.

Wenn Sie Werbung für Ihre WWW-Seiten machen möchten, finden Sie bei GeoCities Vorschläge, wie Sie Ihren Internetauftritt im Web bekannter machen können.

Mit dem World Report erhalten Sie einen monatlichen, allerdings englischsprachigen Newsletter, der Sie über GeoCities-Neuigkeiten informiert.

Das GeoCities-Passwort Ihnen ferner Zugriff auf eine Vielzahl von Yahoo!-Diensten, wie zum Beispiel Yahoo!-Mail und -Kalender, Chats, Messenger, Auktionen und Spiele.

Internet: http://de.geocities.yahoo.com

BuildingWeb

Der Gratisservice BuildingWeb eröffnet Ihnen die Möglichkeit, ohne Programmierkenntnisse eine professionell wirkende Homepage zu erstellen. Werbeeinblendungen müssen Sie dabei akzeptieren.

Nach der Registrierung können Sie Ihre Website mit wenig Aufwand aus Vorlagen zusammenstellen. Kennen Sie sich bereits besser aus, können Sie Ihren Auftritt aber auch mit HTML zustande bringen.

1.000 KB Speicherplatz für Texte und Grafiken lassen sich gratis nutzen. Ein eigenes Gästebuch, der eigene Newsletterverteiler, Suchmaschine und Linkverzeichnis sind inklusive.

Für die Verwaltung Ihrer Webpräsenz eignet sich jeder Computer mit Internetzugang und mit einem gängigen Browser. Über die kostenlose Teilnahme an Partnerprogrammen von Internethändlern oder Providern haben Sie die Möglichkeit, mit Ihrer bei BuildingWeb erstellten Site sogar noch ein wenig Geld zu verdienen.

Internet: http://www.BuildingWeb.org

Reisen

Reiseinformationen kostenlos

Wenn einer eine Reise tut, dann ist viel zu tun – in den
meisten Fällen aber noch mehr zu zahlen. Viele Services, die
eigentlich selbstverständlich sein sollten, werden extra
abgerechnet.

Pauschalreise- und Lastminute-Angebote sind zu
vergleichen, Kataloge verschiedener Veranstalter sind zu
wälzen und es ist darauf zu achten, ob eine Reise vielleicht
bei mehreren Veranstaltern zu unterschiedlichen Preisen
angeboten wird. Schließlich müssen noch Mietwagenpreise
und Konditionen verglichen werden. Aber wer bietet hier
schon Unabhängigkeit und Fairness?

Beabsichtigen Sie, Ihre Reise selbst zu organisieren, ist oft
noch mehr zu tun. Die Ferienwohnung oder das Hotel
müssen ausgewählt werden – schön wäre es wenn man
vorab von jedem Domizil bereits ein Foto sehen könnte.
Eine Echtzeitanfrage nach der Verfügbarkeit von
Hotelzimmern wäre ebenfalls hilfreich.

Bei der Auswahl und Buchung unterschiedlicher
Verkehrsmittelangebote kann die Konfusion ihren
Höhepunkt erreichen. Eine übersichtliche Darstellung

verfügbarer Flugangebote, vielleicht sogar mit grafischer Auswahl des gewünschten Sitzplatzes würde manches vereinfachen. Als Bahnreisender wünscht man sich eine kundenorientierte Beratung unter Berücksichtigung von Sonderzeiten und -preisen. Routenplaner für Auto- oder Camperreisen würden das Wunschangebot des preisbewussten Reiseplaners komplettieren.

Viele der genannten Services müssten auf konventionellem Wege unter Umständen teuer bezahlt werden. Die in diesem Kapitel beschriebenen Angebote zeigen aber, dass Sie viele Dienstleistungen unter einem Dach kostenfrei oder als Zugabe erhalten können.

travel channel

Der travel channel ist ein anbieterübergreifender Vergleichs- und Buchungsservice für eine Vielzahl von Dienstleistungen rund ums Reisen, ob im In- oder Ausland. Bei diesem Anbieter finden Sie eine Auswahl an Pauschalreiseangeboten der meisten deutschen Reiseveranstalter und aktuelle Lastminutereisen. Aber auch speziellere Reiseformen, wie beispielsweise Studienreisen, finden Berücksichtigung.

Als Flugreisender können Sie für Verbindungen zu weltweiten Zielen auf nahezu alle Tarife zugreifen und sich einen Überblick verschaffen, auf Wunsch in einem weiteren Schritt auch gleich buchen.

Falls Sie an Ihrem Urlaubsziel einen Mietwagen benötigen, werden Sie ebenfalls bei travelchannel fündig und können zwischen Mietangeboten im In- und Ausland wählen, auch wenn Sie nur für einen Tag einen Wagen mieten möchten.

Außerdem können Sie auf fast 30.000 Ferienwohnungen zugreifen und über 40.000 Hotels auf Bildern betrachten sowie zugehörige Detailinformationen abrufen.

Das Angebot des travel channel wird durch umfangreiche reiseübergreifende Services wie eine Mitreisebörse ergänzt.

Zu über einhundert Reisezielen finden Sie Reiseführer, Webcams und Videoguides und Veranstaltungshinweise.

Sollten Sie sich auch für eine Buchung über den travel channel entschieden haben, gehen Ihnen die entsprechenden Reisedokumente in der Regel per Post zu, Flugtickets können auch am Flughafen hinterlegt werden.

Den Kundenservice des travel channel erreichen Sie nicht nur via Internet, sondern auch telefonisch.

Um Telefonate mit dem travel channel-Kundenservice kostenlos abzuwickeln, nutzen Sie einfach den Rückrufservice. Sie werden dann innerhalb der nächsten 24 Stunden während der Geschäftszeiten des Kundencenters zurückgerufen.

Telefon für Reiseangebote: 0 180 5-02 60 00
Telefon für Flug- und Hotelangebote: 0 180 5-02 55 00
Internet: http://www.travelchannel.de

Expedia

Expedia bietet die Leistungen nahezu aller namhaften Reiseveranstalter, Fluggesellschaften und Hotels an, arbeitet somit anbieterübergreifend und unabhängig und bietet Ihnen die Möglichkeit eines fairen Preisvergleiches. Um Angebote abzufragen müssen Sie sich nicht registrieren und können auf die Katalogreisen aller bekannten Veranstalter zugreifen.

Wird eine Reise von mehreren Veranstaltern zu unterschiedlichen Preisen angeboten, können Sie in übersichtlicher Form Angebote und Preise vergleichen und sich für die preiswerteste Offerte entscheiden. Umfangreich ist auch das Angebot an Last-Minute-Reisen.

Außerdem werden über 40.000 Hotels weltweit in der Hoteldatenbank aufgeführt.

Suchen Sie eine günstige Linienflugverbindung, so unterstützt Sie eine vollständige und übersichtliche Darstellung verfügbarer Linienflüge – und zwar sowohl der regulären als auch der Sondertarife. Ausgewiesen werden dabei immer die Komplettpreise, Zustellgebühren oder andere Zusatzkosten fallen nicht an. Eine Echtzeit-Verfügbarkeitsabfrage zeigt Ihnen ausschließlich die tatsächlich verfügbaren Linienflüge an, die Sie auch unmittelbar reservieren oder buchen können. Bei Linienfluggesellschaften die in den Sitzplan-Suchservice eingebunden sind, können Sie über eine grafische Auswahl sogar den von Ihnen gewünschten Sitzplatz bestimmen. Darüber hinaus besteht die Möglichkeit, bis zu drei

Flugziele auf der Site von Expedia zu benennen und über entsprechende Flugpreisangebote per E-Mail informiert zu werden. Liegen Ihnen alle benötigten Reisedaten vor, können Sie diese in Microsoft Outlook übernehmen und die Daten dann wiederum mit Ihrem PDA synchronisieren.

Das Expedia-Angebot besteht aber nicht nur aus Buchungsinformationen und -möglichkeiten, sondern versorgt Sie auch mit umfassenden Informationen zu den verschiedensten Reisezielen weltweit. Daten, Fakten und Panoramafotos, Reisenachrichten und Reportagen sowie Tipps der Reisezeitschrift „abenteuer & reisen" erleichtern die Reiseplanung.

Telefon: 07 00-39 73 34 20
Internet: http://www.expedia.de

holiday autos

Suchen Sie als Urlauber lediglich einen preiswerten Mietwagen, ist holiday autos die richtige Adresse. Bei diesem in über 80 Ländern vertretenen Anbieter handelt es sich um einen so genannten Mietwagenbroker, der in den jeweiligen Ländern aus dem Angebot mehrerer Autovermieter auswählt – Zeit und Kosten verursachendes Vergleichen und Telefonieren mit einer Vielzahl von Anbietern gehört für Sie damit der Vergangenheit an. Bei holiday autos mieten Sie zu kundenfreundlichen Alles-inklusive-Tarifen. Leistungen wie unbegrenzte

Kilometerzahl, Haftpflicht, Vollkaskoversicherung, Kfz-Diebstahlversicherung, alle Steuern und etwaige Flughafenbereitstellungsgebühren sind im Mietangebot bereits inbegriffen. Sogar eine Selbstbeteiligung im Rahmen der Vollkaskoversicherung und der Kfz-Diebstahlversicherung entfällt. Zusatzleistungen, wie zum Beispiel einen Kindersitz, können Sie gleich mitbuchen.

holiday autos
Brunhildenstraße 25
80639 München
Telefon aus Deutschland: 0 180 5-17 91 92
Telefax aus Deutschland: 0 89-17 91 92 31
Telefon für Österreich: 01 29 29 2 34
E-Mail: holi@holidayautos.de
Internet: http://www.holidayautos.de

Kraftstoff in Europa

Welche Kraftstoffbezeichnung im europäischen Ausland entspricht jener in Deutschland verwendeten für das eigene Kraftfahrzeug? Vor allem aber: Was kostet die Tankfüllung? Der „Kraftstoffübersetzer" gibt die gesuchte Antwort und informiert Sie über das aktuelle Spritpreisniveau in anderen europäischen Ländern. Unter der angegebenen Webadresse wählen Sie, von der Homepage ausgehend, zunächst „Service" und anschließend „Kraftstoff in Europa".

Internet: http://www.fuehrerschein.de

Achtung Baustelle!

Verkehrs- und Stauinformationen werden heutzutage vorzugsweise über telefonische Abfragedienste teuer verkauft. Glücklicherweise gibt es aber eine gute und kostenlose Alternative: Das Bundesministerium für Verkehr informiert Sie bereits vor Antritt Ihrer Reise über alle Baustellen auf den bundesdeutschen Autobahnen, die länger als acht Tage bestehen. Dabei erhalten Sie Angaben über den genauen Ort, die Fahrtrichtung und die Dauer der Verkehrsbeeinträchtigung. Ebenso werden Vollsperrungen auf Autobahnen genannt und auch auf ein erhöhtes Staurisiko verursachende Fahrbahnreduzierungen werden Sie hingewiesen.

Mit dem Baustelleninformationssystem des Bundes und der Länder können Sie über die Karte, nach Bundesländern, Autobahnnummern oder den Auswahlpunkt „Vollsperrungen" suchen. Links zu den einzelnen Bundesländern informieren Sie kurzfristig über Tagesbaustellen.

Internet: http://www.baunetz.de/bmvbw/verkehr/bab

Fahrplan kostenlos

Die Reiseinformation bei der Bahn kann zeit- und, vor allem auf telefonischem Wege, kostenaufwändig sein, Reisebüros lassen Sie diesen Service bezahlen. „ZUGuenstig" macht es kostenlos. Dieser Gratis-Service kämpft sich für Sie durch den Tarifdschungel der Bahn und sucht nach Ihren

Angaben den für Sie günstigsten Tarif heraus. Aus der Vielzahl von Sonderpreisen und Vergünstigungen des Tarifsystems der Deutschen Bahn versucht das System den für Sie jeweils günstigsten Preis herauszusuchen.

Basierend auf Ihren Angaben wird eine Liste mit Empfehlungen für jeden Abschnitt Ihrer Reise ausgeworfen. Zudem erhalten Sie für jeden Reiseabschnitt einen Link, über den Sie die passenden Zugverbindungen erfahren können. Eine Gewähr für die Übereinstimmung der Empfehlungen mit eventuellen Sondervorschriften der Deutschen Bahn wird aber nicht übernommen.

Nutzen Sie ZUGuenstig von Ihrem eigenen Computer aus, können Sie, sofern Sie einen entsprechenden Cookie zulassen, zahlreiche Einstellungen vornehmen, um die Seite nach Ihren Anforderungen zu personalisieren.

Internet: http://www.ZUGuenstig.de

Übernachtungspreisvergleich kostenlos

Mühsam per Telefon oder Fax Hotelangebote einholen und dann noch um den Preis feilschen – möchten Sie das auf sich nehmen?

Falls nicht, dann tun Sie es großen Wirtschaftsunternehmen gleich und lassen Sie diese Arbeit andere kostenlos für Sie erledigen. Hotelreservierungszentralen helfen Ihnen dabei, schnell in ein gutes Hotelbett zu kommen und darin auch gut zu schlafen, anstatt sich von überhöhten Kosten um die Nachtruhe bringen zu lassen.

Hotel Reservation Service

HRS ist ein weltweites Hotelreservierungssystem auf Basis einer Datenbank von etwa 110.000 Hotels aller Preiskategorien, vom Privathotel über Hotelketten bis hin zum Spitzenhotel. Der direkte Reservierungsservice für Hotels in allen Kontinenten kann von Geschäfts- und Privatreisenden genutzt werden.

Ihre Buchung erfolgt immer zum aktuell günstigsten, von HRS ausgehandelten Tagespreis. Berücksichtigt werden dabei auch Wochenend-, Aktions- und Lastminute-Preise. HRS vermittelt für Sie lediglich die Buchung. Den bestätigten Zimmerpreis zahlen Sie in der entsprechenden Landeswährung bei Abreise im gewählten Hotel. Alle in der Bildschirmübersicht angezeigten Hotels sind für den von Ihnen gewählten Reisezeitraum verfügbar können sofort gebucht werden. Ausgebuchte Hotels werden nicht angezeigt. Sie erhalten sofort eine Reservierungsbestätigung auf Ihrem Bildschirm, die ausgedruckt werden kann. Für Sie ist der Vorgang damit abgeschlossen, das Hotel brauchen Sie also nicht mehr anzurufen. Haben sich Ihre geändert, können Sie die Reservierung mit der Buchungsnummer und Ihrem Zugriffscode stornieren.

Die Auswahl eines geeigneten Hotels erleichtern Ihnen etwa 150.000 Fotos der Häuser, ergänzt durch Informationen zur Lage des Hotels inklusive einer Anfahrtsbeschreibung, Entfernungsangaben und der Hotelausstattung. Sollten Sie ein i-mode-Handset nutzen, können Sie auch auf diesem

Wege direkte Hotelbuchungen vornehmen und etwa 120.000 Hotelfotos über das Farbdisplay abrufen.

Hotel Reservation Service (HRS)
Robert Ragge GmbH
Drususgasse 7 – 11
50667 Köln
Telefon: 02 21/2077-6 00
Telefax: 02 21/2077-6 66
T-Mobile: Kurzwahl 2525
Vodafone: Kurzwahl 22333
e-plus: Kurzwahl 46385
O_2: Kurzwahl 46385
Wap: wap.hrs.de
E-Mail: office@hrs.de
Internet: http://www.hrs.de

bedhunter

Über den kostenlos zu nutzenden Informations- und Buchungsservice bedhunter können Sie auf weltweit über 50.000 Hotels zugreifen.

eHotel
Greifswalder Str. 207
10405 Berlin
Telefon: 0 30/47 37 33 33
Telefax: 0 30/47 37 33 00
E-Mail: servicecenter@ehotel.ag
Internet: http://www.bedhunter.com

Routenplaner kostenlos

Falk

Sie können sich die bekannten digitalen Map & Guide-Kartenwerke auf CD-ROM zulegen – oder sie aber einfach kostenlos nutzen. Die Firma Falk macht's möglich. Mit der Online-Version haben Sie die Möglichkeit, Reiserouten von Ort zu Ort nicht nur straßen-, sondern sogar hausnummerngenau berechnen zu lassen. Dabei werden bis zu zwei Zwischenstopps und die von Ihnen gewünschte Ankunftszeit am Zielort berücksichtigt.

Der Falk-Routenplaner liefert Ihnen des Weiteren detaillierte, ausdruckbare Wegbeschreibungen. Dabei werden die Straßennamen, die Streckenlängen und die Fahrzeit ausgewiesen. Komplettiert wird das Ergebnis durch einen Anfahrtsplan, eine Übersichtskarte und eine zoombare Zielkarte.

Als registrierter Nutzer genießen Sie zusätzliche Vorteile, denn Sie erhalten schnellere Berechnungen und können Adressen sowie Karten und Routen speichern.

Internet: http://www.falk.de

MSN

Sie können sich das Microsoft-Programm „AutoRoute" kaufen – oder aber auf dessen Karten und viele Funktionen im Internet kostenlos zugreifen. Das Programm berechnet Reiserouten von Ort zu Ort straßen- und hausnummerngenau. Es werden bis zu zwei Zwischenstopps und die von Ihnen gewünschte Abfahrtszeit sowie Ankunftszeit berücksichtigt. Weitere mögliche Parameter für die Planung sind Angaben zu Straßentypen, bevorzugter Reisegeschwindigkeit und die Wahl zwischen der schnellsten und der einfachsten Route.

Der MSN-Routenplaner liefert Ihnen kurze Wegbeschreibungen. Wobei die Straßennamen, die Streckenlängen, die Fahrzeit sowie Fahrtrichtungspfeile ausgewiesen werden. Die Anzeige einer Startkarte, einer Karte der Gesamtstrecke und einer Zielkarte komplettieren das Angebot.

Internet: http://mappoint.msn.de

Veturo

Der Routenplaner hat etwas mehr Funktionen als die Konkurrenz. Start- und Zielort lassen sich mit Postleitzahlen, Straßennamen und Hausnummern bestimmen.

Veturo berechnet die Routen von Ort zu Ort mit mehreren Zwischenstopps und unter Berücksichtigung der gewünschten Ankunfts- sowie Abfahrtszeit. Auf Wunsch werden auch Straßentypen und die bevorzugte Reisegeschwindigkeit in die Berechnung mit einbezogen.

Wenn Sie den Durchschnittsverbrauch Ihres Wagens auf verschiedenen Straßentypen sowie den Spritpreis angeben, werden auch der zu erwartende Kraftstoffverbrauch und die Kraftstoffkosten errechnet. Der Veturo-Routenplaner liefert

Ihnen auf Wunsch sehr detaillierte Wegbeschreibungen. Es werden die Straßennamen, Streckenlängen, die Fahrzeit sowie Treibstoffverbrauch und -kosten ausgewiesen. Außerdem werden Richtungsangaben, das Wetter am Zielort, Übersichtskarten und, wenn gewünscht, Detailkarten angezeigt.

Abgerundet wird das Angebot dieses ohnehin sehr guten Routenservices durch die Anzeige von Stadtplänen und einer Suchmöglichkeit beispielsweise nahe gelegener Restaurants und Hotels.

Wenn Sie sich bei Veturo kostenlos registrieren, können Sie bis zu zwölf Routen täglich berechnen lassen, ohne Anmeldung sind es nur zwei. Die Anzahl der möglichen Zwischenstationen erhöht sich für registrierte Nutzer auf vier. Die Daten Ihres Fahrzeugs und andere Vorgaben, wie beispielsweise Ihr Wohnort als Startpunkt, werden bei allen weiteren Routenplanungen dann automatisch berücksichtigt. Die Wegbeschreibungen sind ausdruckbar, entweder nur als Textversion oder mit den zugehörigen Kartenausschnitten. Auf Wunsch zeigen die Ausdrucke auch Fahrtrichtungspfeile.

Internet: http://www.veturo.com

Privates Büro

Office-Software kostenlos

Die Office Suite von „OpenOffice" ist ein vollkommen kostenloses Paket mit Anwendungssoftware für Büro und Präsentation. Sie können die Programme also uneingeschränkt und zeitlich unlimitiert nutzen.

Die Benutzeroberfläche der einzelnen Programmteile ist übersichtlich strukturiert und einfach zu bedienen. Die Anwendungen laufen stabil.

OpenOffice enthält vollwertige Programme zur Textverarbeitung, Tabellenkalkulation, Grafik und Bildbearbeitung, Präsentation und Datenverwaltung sowie Webpublishing.

Alle Programme der Office Suite laufen unter den Betriebssystemen Microsoft Windows und Linux.

Da das Programm auf offene Standards zurückgreift, können Dokumente im XML-Format abgespeichert werden. Somit kann von Fremdsoftware leichter auf sie zugegriffen werden.

Mit OpenOffice erstellte Dokumente können Sie mit Anwendern von Microsoft Office-Programmen in der Regel problemlos austauschen. Sehr komplexe Dokumente können beim Austausch allerdings, wie beim Im- und

Export zwischen Microsoft Office-Dokumenten und Fremdsoftware auch, Probleme bereiten.

Das Zeichenprogramm, die Tabellenkalkulation und das Programm zur Erstellung von Präsentationen bieten einen erstaunlichen Leistungsumfang, das Programm zur Datenverwaltung kann mit Microsoft Access allerdings nicht konkurrieren.

Für Dokumente die Sie als Website ausgeben möchten, kann OpenOffice den hierzu notwendigen HTML-Code erzeugen.

Internet: http://de.openoffice.org

Unified Messaging kostenlos

Das mobile Büro ist für viele noch ein Wunschtraum – für wenige allerdings schon Realität.

Vergessen Sie also am besten die Anschaffung eines Faxgerätes oder Anrufbeantworters. Verabschieden Sie sich schon bald von Ihrem möglicherweise unleserlich gewordenen Adressbuch, verzichten Sie auf den Kauf eines neuen Kalenders und verlassen Sie sich nicht mehr länger auf andere, um an wichtige Termine und Aufgaben erinnert zu werden. Verzichten Sie auf Ihre Haftnotizen und greifen Sie auf wichtige E-Mails, Dokumente, Bilder und Fotos weltweit zu.

All diese Möglichkeiten vereint das so genannte „Unified Messaging" (UMS). Besonders gute UMS-Systeme sind für Sie im Folgenden ausgewählt.

Und was kostet so viel geballte Leistung? Null Komma nix! In den Basisversionen sind alle nachfolgend aufgeführten Dienste kostenlos zu nutzen.

Arcor PIA

Das PIA-System von Arcor bietet Ihnen nach Registrierung und Authentifizierung ein persönliches E-Mail-Konto mit bis zu fünf Adressen und 10 MB Speicherplatz. Alle PIA-Dienste sind durch Ihren Benutzernamen, ein Passwort und SSL-Zugang, also Verschlüsselung, geschützt.

Sie haben die Möglichkeit sich bei eingehenden E-Mails per SMS auf Ihrem Handy benachrichtigen zu lassen, die Zahl der kostenlosen Benachrichtigungen ist in der Basisversion dieses UMS-Dienstes allerdings begrenzt.

Eingegangene E-Mails können Sie sich, falls einmal kein Computer in der Nähe ist, telefonisch vorlesen lassen und auf solche E-Mails sogar via Telefon antworten.

Führen Sie allerdings ein WAP-fähiges Handy mit sich, greifen Sie auf Ihre E-Mails am besten auf diesem Wege zu.

Eingehende Nachrichten können Sie nach von Ihnen bestimmten Filterregeln gleich in die entsprechenden Sammelordner verschieben oder, im Fall von Spam, also unerwünschter Nachrichten, löschen lassen.

Sind Sie einmal längere Zeit abwesend, lassen Sie einfach den Autoresponder antworten. Des Weiteren haben Sie die Möglichkeit, eingehende E-Mails an andere Adressen weiterleiten zu lassen und können darüber hinaus über den Sammeldienst andere E-Mail-Postfächer abfragen lassen.

Nach der Aktivierung Ihres Arcor-Kontos wird Ihnen eine eigene Rufnummer zugeteilt, an die Ihnen Fax- und Sprachnachrichten übermittelt werden können. Sie können aber nicht nur Faxe empfangen, sondern auch senden.

Erhält das System eine für Ihren virtuellen Anrufbeantworter bestimmte Sprachnachricht, wird diese als Datei des Typs wav gespeichert und Ihnen als Anhang einer Mail zugestellt. Über einen Computer mit angeschlossenen Lautsprechern können Sie diese Nachrichten anhören.

Für den bequemen Versand aus Ihrem mobilen Büro heraus, können Sie das Adressbuch nutzen. Die von Ihnen gesammelten Kontaktdaten sind im Internet gespeichert und per „PIA Sync" mit Microsoft Outlook, Lotus Notes oder Ihrem Palm synchronisierbar. Ihr Adressbuch können Sie nun eigentlich nicht mehr verlieren und vor den Augen Neugieriger ist es allemal geschützt.

Befindet sich gerade kein an das Internet angeschlossener Computer in Ihrer Nähe, greifen Sie auf das digitale Adressbuch via WAP-Handy zu.

Wenn Ihr Adressbuch nun schon mobil geworden ist, sollte Ihr Kalender nicht hinterherhinken. Termine, Aufgaben und Erinnerungen daran können Sie nun weltweit abrufen und vor den Blicken Dritter schützen.

Mithilfe des „PIA Kalender-Sharing" können Sie mit anderen Einzelpersonen oder Gruppen Termine und Aufgaben über Ihren Kalender gemeinsam koordinieren. Per SMS werden Sie als Handynutzer kostenfrei an Ihre Termine erinnert.

An Vergessliche scheint sich die Verwaltung von Geburtstagen und andere Anlässe zu richten. Per E-Mail oder SMS können Sie Geburtstags- und Festtagsgrüße automatisch versenden und sich natürlich auch selbst frühzeitig erinnern lassen. Der elektronische Notizblock lässt Sie Kurznotizen ablegen und abrufen, sie per E-Mail wieder vorlegen oder via SMS versenden.

Mit einer Besonderheit unter den hier vorgestellten UMS-Diensten wartet das PIA-System von Arcor auf. Mit dem Netpass können Sie der wachsenden Anzahl von Benutzernamen, Passwörtern und Geheimzahlen beikommen. SSL-verschlüsselt und anonym gespeichert können Sie mit dem dann einzigen „Security-Code" auf Ihre Daten zugreifen.

Telefon: 0 180 3-00 09 87
Internet: https://www.arcor.de

directBOX

Das mobile Büro directBOX erlaubt Ihnen die Einrichtung eines providerunabhängigen E-Mail-Kontos mit 10 MB

Speicherplatz und der Möglichkeit, Ihre elektronische Post in Ordnern zu verwalten und sich diese durch zuvor festgelegte Filter zuleiten zu lassen. Der verschlüsselte Zugang über SSL ist möglich.

Eingehende E-Mails können Sie an andere Adressen weiterleiten und sich kostenlos via Pager oder Mobiltelefon benachrichtigen lassen. Auf Ihrem Handy-Display lesen Sie bei weitergeleiteten Nachrichten die Absenderadresse, den Betreff und den Anfang der Nachricht.

Der Zugriff auf Ihr Postfach per POP3 ist ebenso möglich wie der Abruf anderer Postfächer.

Wie bei Microsoft Outlook können Sie zu sendende Nachrichten automatisch mit einer von Ihnen gewählten Signatur, beispielsweise Ihren Adressangaben, versehen lassen. Mit dem Programm dieses leistungsfähigen UMS-Dienstleisters können Sie zudem Faxe mit wählbaren Schriftformaten und Unterschriften versenden. Ihnen zugehende Faxe werden als E-Mail-Anhang zugestellt und sind auf dem Computer lesbar und speicherbar.

Mit der directBOX sind der E-Mail- und auch der SMS-Versand sogar zeitversetzt, das heißt zu einem von Ihnen vorgegebenen Termin, möglich.

Mit dem virtuellen Anrufbeantworter können Sie über die Ihnen zuvor zugeteilte Ruf- und Faxnummer Nachrichten empfangen, die als E-Mail-Anhänge Ihrem Postfach zugestellt werden. E-Mails sind auch per Telefon erstellbar sowie abfrag- und beantwortbar.

Der integrierte Kalender erlaubt die Anlage von Terminserien und den Ausdruck für Organizer sowie hilfreiche Gruppenfunktionen.

Ferner können Sie sich auf Wunsch per E-Mail oder mit einer Kurznachricht auf Ihrem Handy an Ihre Termine erinnern lassen. Ihr elektronisches Adressbuch macht die Auswahl und das automatische Einfügen in die Formulare zum E-Mail-, Fax- und SMS-Versand komfortabel und bietet Gruppenfunktionen. Mit der directSYNC-Software synchronisieren die Adreß- und Kalenderdaten mit denen Ihres Palms.

Sogar die Verwaltung Ihrer Bookmarks ist mit directBOX möglich. Eine bestehende Linksammlung kann importiert werden, so dass alle Ihre Favoriten übersichtlich in Ordnern archivierbar sind.

Internet: http://www.directbox.de

everyday

Das E-Office von everyday bietet Ihnen ein weltweit verfügbares virtuelles Büro, geschützt durch persönlichen Benutzernamen und Passwort. Sehr nützlich ist das Online-Archiv. 10 MB Speicherplatz stehen Ihnen für eigene Dateien zur Verfügung. So können Sie Textdokumente, Bild- oder Fotodateien und digitale Videoclips im Internet ablegen und ortsungebunden auf sie zugreifen. Mit diesem Service ersparen Sie sich den Dateitransport auf Disketten oder anderen Datenträgern. Im Adressbuch sind Ihre Kontakte geschützt speicherbar, sodass Sie E-Mails sowie Kurznachrichten an Handys nun einfacher versenden können.

Der Terminkalender sichert Ihre Eintragungen nicht nur vor den Augen Dritter und kann nun auch nicht mehr verloren gehen, sondern erinnert Sie an Ihre Termine kostenlos per E-Mail oder SMS.

Ihre Lieblingslinks sind mit der Bookmarkverwaltung des E-Office von everyday an jedem Internetcomputer verfügbar und neue Links können auch an fremden Rechnern in die private Sammlung aufgenommen werden.

Internet: http://www.everyday.com

freenet

Das Internetportal Freenet verspricht nicht zuviel, wenn es als Ergebnis der Nutzung seines virtuellen Offices einen „kompletten UMS-Service" in Aussicht stellt.

Einen Teil Ihrer Festplattenkapazität können Sie nun zur Dateiablage des Freenet-Services verschieben, 30 MB stehen Ihnen kostenlos zur Verfügung. Darin sind Texte, Grafiken, Bilder und Fotos ablegbar.

Gespeicherte Dokumente können sogar direkt im Browser geöffnet werden, die zum Lesen eigentlich benötigte

Software muss auf dem vielleicht während einer Reise in einem Internetcafé genutzten PC oder Mac nicht installiert sein, weshalb Sie über jeden Computer mit Internetanschluss Zugriff auf Ihre Dokumente haben können. Mit Hilfe der in die Freenet-Dateiablage integrierten Volltextsuche wird das Auffinden verschollen geglaubter Dokumente erleichtert.

Mit der Registrierung erhalten Sie ein eigenes E-Mail-Konto mit einer Adresse und einer persönlichen Rufnummer unter der Sie Faxe und Sprachnachrichten empfangen können. Selbstverständlich sind von Ihnen versandte und empfangene E-Mails archivierbar.

Neben E-Mails können Sie Kurznachrichten an Handys und Faxe an Festnetzanschlüsse verschicken. Sprachnachrichten erhalten Sie in Form eines E-Mail-Anhangs und können diese dann an Computern oder per Telefon anhören und speichern. Eingegangene E-Mails sind ebenfalls telefonisch abhörbar.

Der Kalender des Freenet-Offices verwaltet Ihre Termine und Geburtstage übersichtlich und erinnert Sie auf Wunsch per E-Mail oder SMS automatisch. Auf Ihre Vorgabe hin können parallel zu dieser Erinnerung alle Daten via E-Mail oder SMS auch an andere Personen weitergeleitet werden.
Sollte einmal kein Computer in greifbarer Nähe sein, rufen Sie Ihre Daten einfach über ein WAP-fähiges Handy ab und haben auch die Möglichkeit, sie zu bearbeiten. Überdies

können Sie sich Ihre Termine mithilfe des persönlichen Sprachdienstes vorlesen lassen.

Im Adressbuch dieses sehr leistungsfähigen UMS-Büros sind Ihre Kontakte sicher verwahrt und von überall her erreichbar. Mit einem Palm, per WAP-Handy oder über jedes Telefon per Sprachausgabe können Sie auf wichtige Adressen zugreifen. In Microsoft Outlook abgelegte Adressen sind importierbar.

Die Adressen Ihrer Lieblingswebsites sind ebenfalls virtuell archivierbar, während des Surfens legen Sie die Bookmarks im Linkordner ab. Bereits vorhandene Linksammlungen können Sie aus dem Microsoft Internet Explorer oder Netscape importieren. Interessante Web-Adressen können bequem an andere weitergeleitet werden.

Die Daten des Freenet-Offices sind synchronisierbar mit Microsoft Office oder einem Palm.

Über den Gastzugang können Sie gemeinsam mit bis zu 100 anderen Nutzern auf die im virtuellen Büro gespeicherten Daten zugreifen und weitere Mitbenutzerzugänge einrichten oder ändern.

Internet: http://office.freenet.de

FreeMail

Das Internetportal Web.de bietet den Nutzern seines „FreeMail"-Services zwar keine komfortable und kostenlose

Dateiablagemöglichkeit, gehört aber in Sachen Kommunikation zu den besten der virtuellen Büros.

Nach der Registrierung und der Authentifizierung per Briefpost erhalten Sie eine E-Mail-Adresse und ein Konto mit 12 MB Speicherplatz und der Möglichkeit, Ihre Nachrichten in Ordnern zu verwalten. Zu versendende Nachrichten können mittels der Rechtschreibprüfung korrigiert und E-Mails mit Briefpapieren optisch aufgewertet werden.

Im Adressbuch lassen sich unbegrenzt viele Einträge ablegen sowie nach Gruppen und Verteilerlisten zuordnen. Das Verzeichnis ist für den Organizer ausdruckbar. Datenimport und -export aus und nach Microsoft Outlook und Outlook Express sind ebenfalls möglich.

Das Postfach kann nicht nur via POP3 unter SSL-Verschlüsselung abgefragt, sondern ebenso per IMAP verwaltet werden. Somit werden alle Ordner auch in Microsoft Outlook übernommen und umgekehrt. E-Mails können günstig offline geschrieben, gelesen und verwaltet werden. Mit POP3 können über FreeMail manuell oder automatisch andere Postfächer abgefragt werden.

Der Account kann aber auch als Weiterleitungszentrale an andere Postfächer genutzt werden. Hierbei kann die Weiterleitung auf Wunsch zeitlich begrenzt werden, und der Nutzer hat die Wahl, ob Kopien der eingehenden Nachrichten im Verteilerpostfach bleiben sollen oder nicht.

Ein Autoresponder für Antworten bei Abwesenheit ist inklusive.

Mit der Freischaltung Ihres Internet-Büros wird Ihnen eine eigene ortsunabhängige Rufnummer zugeteilt, unter der Sie Faxe und Sprachnachrichten empfangen können. Die Ansage dieses virtuellen Anrufbeantworters können Sie individuell gestalten.

Auch in punkto Sicherheit hat FreeMail manches zu bieten. Zum Schutz vor unerwünschten E-Mails dient ein Spam-Filter und eine Überprüfung eingegangener Nachrichten auf Viren ist ebenfalls möglich.
Auch Ihren E-Mail-Versand können Sie sicherer gestalten, indem Sie sich der ausgefeilten Verschlüsselungsmöglichkeiten von FreeMail bedienen.

Haben Sie einmal keinen Zugang zu einem Computer, können Sie E-Mails auch per WAP-Handy senden und empfangen.

Internet: https://freemail.web.de

Mercedes-Benz Portal

Mercedes-Benz ist immer für Kostenloses gut. Dies haben Sie ja schon im Abschnitt „Kreditkarten" des Kapitels „Banken" erfahren können.

Aber anders als in jenem Fall müssen Sie als Nutzer des luxuriös ausgestatteten Mercedes-Benz-Portals keinen Stern auf der Motorhaube Ihres Autos vorweisen.

Mercedes präsentiert Ihnen mit „My Office" einen Organizer im Premiumsegment. Das Office ist eine integrierte E-Mail-, Adress- und Terminverwaltung, auf die Sie auch ohne Computer Zugriff haben, indem Sie den telefonischen Sprachdienst nutzen.
Sie können E-Mails, Faxe und SMS komfortabel versenden, empfangen und verwalten, der komplette Anwendungsumfang steht Ihnen aber ausschließlich als registriertem Nutzer zur Verfügung – und ein solcher werden Sie ja kostenlos.

Ein virtueller Anrufbeantworter ist inklusive und Dateien aller Art sowie Bookmarks können Sie mit diesem Office immer dort nutzen, verwalten und speichern, wo gerade Zugang zum Internet besteht.
Mit der SMS-Terminerinnerung aus Ihrem Kalender sollten vergessene Termine der Vergangenheit angehören.

Internet: http://www.mercedes-benz.t-online.de

ePost

Die Post ist langsam, teuer und bietet schlechten Service? Keineswegs. Denn „ePost" ist ein Angebot der Deutschen

Post, das Schnelligkeit und hervorragenden Service vereint und dennoch nichts kostet.

Mit ePost können Sie online im Rahmen des Umzugservice Ihren Nachsendeauftrag für die Urlaubszeit oder eben den Umzug stellen. Des Weiteren besteht die Möglichkeit, Unternehmen über Ihren Umzug zu informieren. Obendrein sollten Sie einmal einen Blick in den kostenlosen Umzugsratgeber werfen.

Bei ePost erhalten Sie ein E-Mail.Account und „Die Adresse fürs Leben" sowie eine zusätzliche Alias-Adresse.
Per Internetbrowser oder POP3 haben Sie Zugriff auf die digitalen Dienste Ihres Online-Büros und können außerdem andere Postfächer abfragen. Die Anmeldung erfolgt sicher, da Sie per SSL verschlüsselt wird.
Neun MB Speicherplatz stehen Ihnen zur Verfügung, E-Mail-Anhänge dürfen bis zu 6,5 MB groß sein.
E-Mails können an andere Adressen weitergeleitet werden und mit der Urlaubsbenachrichtigung steht Ihnen ein Autoresponder zur Verfügung.
Ein Ordnersystem unterstützt Sie bei der Archivierung Ihrer Nachrichten und Kontakte verwalten Sie im Adressbuch.

Bei ePost können Sie ferner digitale Fotoalben anlegen, diese veröffentlichen und elektronische Grußkarten mit Ihrem Foto versenden.

Internet: http://www.epost.de

Energie

Seine Konsumbedürfnisse einzuschränken oder gar auf etwas zu verzichten fällt den meisten Zeitgenossen schwer und kann nur von den wenigsten der umweltbewusst auftretenden Politiker überzeugend vertreten werden. Gerade bei den Energiekosten gibt es aber Wege, auf einfache Weise Geld zu sparen ohne verzichten zu müssen.

Mehr Strom statt weniger Geld

Kleine zumutbare Gewohnheitsänderungen genügen, um bei beispielsweise gleichbleibenden Ausgaben für Strom viele zusätzliche Kilowattstunden kostenfrei zu erwirtschaften.

Ausschalten ist nicht gleich ausschalten. Dies gilt insbesondere für Fernsehgeräte, Monitore und Musikanlagen.

In der Betriebsbereitschaft, dem sogenannten Stand-by-Betrieb, verbraucht nicht nur das rote Lämpchen Strom, sondern vor allem das Netzteil sowie eingebaute Uhren und der Speicher samt Pufferbatterie.

Neuere Fernsehgeräte verbrauchen im Stand-by-Betrieb meist erheblich weniger Strom als ihre älteren Vorgänger, aber ob alt oder neu: nur nach vollständigem Ausschalten des Fernsehers befindet sich das Gerät in einem Zustand der keinerlei Stromkosten verursacht.

Diese Art der Kosteneinsparung wird Ihnen aber von einigen Geräten der Unterhaltungselektronik verwehrt beziehungsweise unzumutbar schwer gemacht. Denn manche Geräte verfügen über gar keinen Ausschalter mehr. Null Stromverbrauch können Sie in solchen Fällen nur durch eine vollständige Trennung vom Netz erreichen. Hierzu müssen Sie das Netzkabel ziehen und dies ist nicht nur unkomfortabel, sondern oft auch undurchführbar, etwa wenn die Kabel der Musikanlage hinter Schränken zur Steckdose verlaufen. Auf dieses Detail sollten Sie deshalb schon bei der Produktauswahl achten.

Achten Sie vor dem Kauf elektrisch betriebener Haushaltsgeräte, dies gilt besonders für Großgeräte wie Kühlschrank und Gefriertruhe oder Wasch- und Geschirrspülmaschine, vor allem auf den Stromverbrauch und nicht nur auf den Kaufpreis und die Service- sowie Garantieleistungen. Suchen Sie das Kundenberatungszentrum Ihres Energieversorgers auf und fragen Sie nach entsprechenden Vergleichslisten. Solche Daten finden Sie aber im Rahmen entsprechender Tests auch in Verbraucherzeitschriften.

Die Leuchtmittel Ihrer Lampen müssen Sie im Laufe der Zeit unweigerlich austauschen. Beim Kauf von Ersatz ist es empfehlenswert, sein Augenmerk nicht nur auf den Preis, sondern auch auf den Verbrauch zu richten.
Herkömmliche Glühlampen sollten Sie in Zukunft nur noch an jenen Stellen einsetzen, an denen dies wegen kurzer

Betriebszeiten sinnvoll ist, also etwa im Flur Ihrer Wohnung oder wenn Sie sich normalerweise nur kurz im Bad aufhalten.

In allen anderen Räumen Ihrer Wohnung oder Ihres Hauses sollten Sie aber nur noch sogenannte Energiesparlampen statt der bisher verwendeten Glühlampen einsetzen.

Energiesparlampen haben eine zehn- bis zwölfmal höhere Lebensdauer als gewöhnliche Glühlampen. Viel wichtiger aber ist, dass diese Sparwunder bei gleicher Lichtleistung durchschnittlich fünfmal weniger Strom verbrauchen. Eine Energiesparlampe mit einem tatsächlichen Stromverbrauch von 20 Watt erbringt die Lichtleistung einer 100-Watt-Lampe. Dieses Leuchtmittel ist also eine herausragende Erfindung.

Moderne Energiesparlampen sind schaltfest. Die Zeiten, in denen diese Lampen anfällig gegen häufiges Ein- und Ausschalten waren, sind vorbei. Dieser Lampentyp arbeitet zwar ähnlich wie die sparsamen Leuchtstoffröhren, startet im Unterschied zu diesen allerdings flackerfrei und flimmert während des Betriebs nicht. In die Lampe ist ein Vorschaltgerät eingebaut, welches den Leuchtkörper schonend starten lässt.

Für Romantiker gibt es Energiesparlampen mittlerweile auch in Glühlampenform. Sie können in Leuchten eingeschraubt werden, deren Lampe sichtbar ist. So stellt die Firma Narva sehr kurze Energiesparlampen her, die auch in Leuchten eingesetzt werden können, die eigentlich nur einer Glühlampe Platz bieten würden. Energiesparlampen gibt es mit E14- oder E27-Sockeln, sodass der Durchmesser des Schraubsockels kein Hindernis ist.

Sogar die teuerste Energiesparlampe macht im Laufe ihres Lebens den höheren Anschaffungspreis wett. Durch die erheblich längere Lebensdauer und den viel niedrigeren Stromverbrauch im Verhältnis zu einer vergleichbaren Glühlampe sparen Sie mehr Geld, als Sie für den Kauf ausgeben müssen.

Manche Energieversorger stellen Ihnen ein Messgerät und eine Energiesparlampe zur Verfügung, sodass Sie die Beleuchtungsstärke beider Lampentypen überprüfen und damit auch vergleichen können. Schließlich gibt es Menschen, die daran zweifeln, dass eine Lampe 100 Watt Lichtleistung liefern soll, aber nur 20 Watt verbraucht.

Auch wenn Sie Leuchtstofflampen in herkömmlicher Bauform verwenden, können Sie mehr Geld sparen, als Sie für die entsprechenden Maßnahmen investieren müssten. In angenehmer Warmtonausführung kommen Leuchtstofflampen zum Beispiel bei indirekter Beleuchtung im Wohn- und Küchenbereich zum Einsatz.

Störend an diesen Lampen aber ist: Nach dem Einschalten flackern die Lampen und strahlen erst nach Verzögerung. Außerdem kann ständiges Flimmern den Wohn- oder Arbeitskomfort beeinträchtigen.

Das Problem ist in solchen Fällen der elektrische Starter. Besteht eines Tages einmal die Notwendigkeit, ihn austauschen zu müssen, ersetzen Sie ihn unbedingt durch einen elektronischen Schnellstarter, den sie unter anderem in Bau- oder Elektronikmärkten erhalten.

Dieses unscheinbare Bauteil wirkt nicht nur in finanzieller Hinsicht Wunder: Die Leuchtstoffröhre startet nun ohne Verzögerung und flackerfrei. Während des Betriebs ist das lästige Flimmern nicht mehr wahrnehmbar und das unschöne Schwärzen der Leuchtstoffröhrenenden wird gemindert. Die Leistungsaufnahme vor allem während der Startphase der Leuchte sinkt und ihre ohnehin hohe Lebensdauer wird noch einmal verlängert.

Im Übrigen erkennt der elektronische Schnellstarter auch, ob eine Leuchtstoffröhre defekt ist und unternimmt in einem solchen Fall keine weiteren Zündversuche. Das von einer kaputten Röhre gewonte Flackern tritt damit nicht mehr auf.

Stromtarifvergleich kostenlos

Bevor Sie den Stromversorger wechseln, sollten Sie gründliche Preisvergleiche vornehmen und vor allem auch auf die Vertragsbedingungen achten.

Bei den folgenden Anbietern finden Sie nicht nur wichtige Informationen zum Strommarkt und zu den einzelnen Anbietern. Kostenlos ermitteln Tarifrechner anhand Ihrer

Angaben und Vorgaben, welche die für Sie günstigsten Lieferanten sind.

Stromseite

Die Tarifrechner der Stromseite lassen Sie schnell erkennen, ob Sie für Elektroenergie zuviel Geld ausgeben. Zur Auswahl stehen ein Detailrechner und ein Profilrechner. Bei der Berechnung werden alle Anbieter berücksichtigt. Dies gilt auch für die Anbieter sogenannten Ökostroms. Zusätzlich liefert Ihnen Stromseite Nachrichten zur Energiepolitik und zu Energieunternehmen und ihren Tarifen. Sie erhalten hilfreiche Hinweise die bei einem Wechsel des Stromlieferanten zu beachten sind. Ein Glossar erläutert unklare Begriffe.

Im Diskussionsforum können Sie sich mit anderen Wechselwilligen austauschen. Der Newsletter hält Sie in Sachen Strom und Sparen auf dem Laufenden.

Internet: http://www.stromseite.de

Strom-Magazin

Beim Strom-Magazin erfahren Sie, ob sich der Stromanbieterwechsel lohnt, wie er funktioniert und worauf zu achten ist. Sie haben die Möglichkeit, Tarife direkt miteinander zu vergleichen oder einen Komforttarifrechner und einen Profilrechner zu nutzen. Sogar ein Ökostromrechner steht Ihnen zur Verfügung.

Strom-Magazin erklärt Ihnen, wie Sie Ihren Anbieter wechseln und geht auf die Grundlagen der Energiepolitik ein. Unklare Begriffe werden im Stromlexikon erklärt. Ferner können Sie auf Nachrichten zu Energieunternehmen und der Preisentwicklung zugreifen, wobei regenerative Energieformen nicht zu kurz kommen.

Weiterhin wird das Informationsangebot von Strom-Magazin ergänzt durch die Präsentation des Anbieters des Monats und einen regelmäßig erscheinenden Newsletter. Im Meinungsforum können Sie sich zudem über die Liberalisierung des Strommarktes, Stromanbietern und Ökostrom informieren und sich mit anderen Sparwilligen austauschen.

http://www.strom-magazin.de/tarifrechner.phtml

Mehr Sprit statt weniger Geld

Moderne Energiesparmobile kosten viel Geld. Aber auch ohne einen Autoneukauf können Sie mit beispielsweise unverändertem Spritbudget weiter kommen. Kostenträchtige Umbauten am Fahrzeug sind hierzu nicht notwendig. Tanken müssen Sie als Kraftfahrer ohnehin, aber ohne zusätzliche Investitionen können Sie mit einer Tankfüllung nun länger fahren.

Allein durch einen intelligenten Fahrstil können Sie die Reichweite ihres Fahrzeugs um 20 bis 30 Prozent steigern. Haben Sie keine Angst, zum Verkehrshindernis werden Sie dabei nicht. Spritsparende Fahrer haben überdies bis zu 25 Prozent weniger Unfälle als eilige Kraftstoffverheizer.

Zudem leisten Sie einen Beitrag zur Entlastung unserer Umwelt von Abgasen und Lärm. Gleichzeitig entlasten Sie den Finanzminister von einem allzu hohen Ökosteueraufkommen.

Da Ihr Fahrzeug aufgrund intelligenter Fahrweise einer geringeren mechanischen Beanspruchung unterliegt, können auch die Wartungskosten sinken. Ausgeruhter und energiereicher kommen Sie an Ihrem Ziel ohnehin an, wobei Ihr Zeitverlust kaum der Rede wert ist.

Manche Unternehmen haben das Prinzip längst erkannt. Die Schweizer Niederlassung des weltweit tätigen Kamera- und Kopiergeräteherstellers Canon beispielsweise schulte seine mobilen Servicemitarbeiter schon vor Jahren hin auf treibstoffsparendes Fahren.

Das Ergebnis kann sich in ökonomischer und ökologischer Hinsicht sehen lassen. Neben deutlichen Kraftstoffeinsparungen wurde nicht nur der Ausstoß an Abgasen verringert, auch die Häufigkeit und Anzahl von Unfällen sank.

Ballast abwerfen

Bevor Sie nun allerdings beginnen, Ihren Fahrstil zu verändern, untersuchen Sie erst einmal Ihren Wagen. Wie viel Kraftstoff Ihr Fahrzeug verbraucht wird entscheidend von seinem Gesamtgewicht beeinflusst. Werfen Sie also einfach Ballast ab. Der Werkzeugkasten beispielsweise oder die Schneeketten aus dem letzten Winter haben im Fahrzeug nichts zu suchen. Getränkekisten und andere schwere Güter werden bei der Einkaufsrundfahrt erst zum Schluss eingekauft, auf kürzestem Weg nach Hause gefahren und dort spätestens vor der nächsten Fahrt ausgeladen.

Druck machen

Der Kraftstoffverbrauch Ihres Fahrzeuges wird auch vom Reifendruck beeinflusst. Sie sollten zumindest die Vorgaben des Fahrzeugherstellers befolgen, die oft an der Innenseite des Tankdeckels zu lesen sind. Ansonsten können Sie auch in die Bedienungsanleitung schauen. Bedenken Sie bitte, dass bereits geringe Luftverluste eine spürbare Zunahme des Spritverbrauchs nach sich ziehen. Außerdem beschleunigt sich die Abnutzung der Reifen und die Fahreigenschaften des Fahrzeugs verändern sich negativ, worunter wiederum die Fahrsicherheit leiden kann. Kontrollieren Sie daher alle Reifen wöchentlich auf ihren Luftdruck und korrigieren Sie ihn gegebenenfalls.

Aufbauten abbauen

Die Automobilhersteller investieren viel Zeit und Geld in die Verbesserung der Aerodynamik ihrer Produkte. Fahrradträger, Dachboxen, Aufbauten und auch Antennen machen die Bemühungen der Entwickler oft wieder zunichte, denn sie können den Kraftstoffverbrauch des

Fahrzeuges kräftig in die Höhe treiben. Das gilt ebenso bei Heckgepäckträgern, die im Windschatten des Autos montiert werden. Diese verhalten sich zwar etwas günstiger als Dachträger, aber ein deutlicher Mehrverbrauch von Kraftstoff ist auch hier die Folge.

Montieren Sie also am Besten alle Träger nach dem Gebrauch sofort wieder ab, damit ihr Auto windschnittiger wird und weniger Treibstoff verbraucht.

Cool bleiben

Ihre Klimaanlage sollten Sie natürlich nicht zwecks Gewichtsersparnis ausbauen, aber die Nutzung kann überlegter erfolgen. Je größer die Differenz zwischen der Außentemperatur und der von Ihnen gewählten Innenraumtemperatur ist, desto drastischer – um bis zu 20 Prozent – kann der Mehrverbrauch Ihres Fahrzeugs ausfallen. Daher ist es empfehlenswert, nicht mehr zu heizen beziehungsweise zu kühlen als für Ihr Wohlbefinden notwendig ist.

Schnell starten

Nachdem wir nun das Fahrzeug untersucht haben, fahren wir endlich los – und zwar hurtig! Intelligent Spritsparen können Sie nämlich nur, wenn Sie zügig und mit viel Gas beschleunigen, ohne dabei allerdings den vollen Spielraum des Drehzahlmessers auszutesten. Wenn Sie beschleunigen, drücken Sie also das Gaspedal fast bis zum Ende durch, denn mit dem Gaspedal bestimmen Sie bei Benzinmotoren lediglich die in den Motor einströmende Luftmenge. Die verbrannte Kraftstoffmenge steht hingegen in engem Zusammenhang mit der Motordrehzahl, der wir uns im Folgenden widmen werden.

Schnell schalten

Das Beste vorab: Zukünftig werden Sie erheblich weniger schalten, dafür aber schneller. Machen Sie es sich zur Regel ab etwa 2000 U/min in den nächsthöheren Gang zu schalten. Umgekehrt verhalten Sie sich beim Herunterschalten, das so spät wie möglich, also kurz bevor der Motor zu stottern beginnen würde, erfolgen sollte. Moderne Automotoren verfügen über eine erstaunliche Elastizität, die es Ihnen erlaubt, bereits bei niedrigen Geschwindigkeiten schon in relativ hohe Gänge schalten zu können. Die Folge: Die Drehzahl ist dann niedrig und der Kraftstoffverbrauch bleibt es ebenso. Es gilt also: Je höher der von Ihnen gewählte Gang ist und je niedriger die Drehzahl ausfällt, desto weiter können Sie mit einer Tankfüllung fahren und desto weniger Geld jagen Sie durch den Motor.

Einfach mitschwimmen

Sie haben beschleunigt, schnell geschaltet und fahren nun in einem möglichst niedrigen Gang. Jetzt widmen Sie sich ganz entspannt dem Mitfließen im Verkehr.

In der Fahrschule haben Sie ja einmal gelernt, einen genügend großen Abstand zum Vordermann einzuhalten und zu versuchen, sowohl den Verlauf der Straße als auch das Verhalten der anderen Verkehrsteilnehmer zu beobachten und abzuschätzen, wie sich Straßenverlauf und Verkehrssituation entwickeln könnten.

Einen genügend großen Abstand zum Vordermann zu halten bedeutet im Sinne eines intelligenten Fahrstils, nicht nur den Sicherheitsabstand, sondern zusätzlich einen Reserveabstand einzuhalten. So haben Sie mehr Zeit und Platz, um auf unvermittelt bremsende oder ausscherende Fahrzeuge, Kurven oder den Rotwechsel der sich noch in einiger Entfernung befindenden Ampel zu reagieren.

In solchen Fällen nehmen Sie den Fuß etwas vom Gas und rollen zum Beispiel auf die Rot signalisierende Ampel langsamer zu. In vielen Fällen wechselt das Ampelsignal, noch bevor Sie hätten abbremsen müssen, auf Grün und Sie können mit dem gerade höchstmöglichen Gang wieder beschleunigen. Bei frühzeitig erkennbaren Kurven oder Verkehrsschildern, die Sie ohnehin zum Abbremsen zwingen, sollten Sie frühzeitig den Fuß vom Gas nehmen und den Kurveneingang beziehungsweise das entsprechende Verkehrsschild schon mit der richtigen Geschwindigkeit erreichen, anstatt beim plötzlichen Abbremsen nur unnötig Energie zu vernichten.

Sie sehen also, dass Sie mit einem intelligenten Fahrstil entspannter ans Ziel gelangen und Ihren Wagen viel schonender bewegen als bei allzu sportlicher Fahrweise.

Telefonieren

Mobiler Notruf kostenlos

Auch wenn Sie weder einen Mobilfunkvertrag abgeschlossen haben, noch eine Guthabenkarte besitzen, können Sie in Deutschland und in vielen Staaten Europas Notrufe zu Polizei, Rettungsdienst und Feuerwehr absetzen – kostenlos. Sie benötigen dazu lediglich ein funktionsfähiges Handy, eine Chipkarte muss nicht eingeschoben sein.

Fragen Sie in Ihrer Bekanntschaft herum oder halten Sie in Anzeigenblättern beziehungsweise Onlineauktionsforen Ausschau nach ausrangierten oder älteren und deshalb preiswerteren Handys.

Für den Einsatz in Deutschland und Europa sollte das Handy ein D-Netz-Gerät sein, für den Einsatz in Deutschland allein genügt auch ein E-Netz-Gerät. Die Mehrzahl der modernen Geräte funkt aber bereits in beiden Frequenzbereichen. Ihr Aufenthaltsort muss natürlich funkversorgt und der Handyakku geladen sein.

Nach dem Einschalten des Gerätes müssen Sie die Eingabeaufforderung für die Geheimzahl überspringen. Welche Tasten Sie hierzu drücken müssen, entnehmen Sie der Bedienungsanleitung Ihres Mobiltelefons. Nun wählen Sie die in fast ganz Europa einheitliche Notrufnummer 112 und heben ab. Falls vorhanden, können Sie natürlich auch gleich die Notruftaste drücken. Daraufhin werden Sie mit der nächsten Notrufzentrale verbunden. Das Gespräch ist unabhängig von der Dauer kostenlos.

Mobile Erreichbarkeit im Ausland kostenlos

Ständige mobile Erreichbarkeit kann bei Auslandsaufenthalten teuer werden. Schließlich wird jede Gesprächsminute nicht nur von Ihrem Mobilfunkanbieter berechnet, sondern zusätzlich noch vom ausländischen Netzbetreiber. Beide Kostenpositionen werden also Ihr Mobilfunkkonto belasten.

Eingehende Gespräche können Sie im Ausland aber auch kostenlos annehmen. Kaufen Sie sich einfach die vorausbezahlte Guthabenkarte des Netzbetreibers Ihres Aufenthaltslandes. Sie erhalten eine eigene Rufnummer unter der alle ankommenden Gespräche für Sie nun kostenfrei sind. Diese Rufnummer teilen Sie jenen Verwandten, Freunden und Bekannten mit, von denen Sie häufiger angerufen werden.

Auch Ihre Anrufer haben die Möglichkeit zu sparen: Wählen Ihre Anrufer vor dieser ausländischen Handynummer eine günstige Sparvorwahl, kann das Gespräch billiger als der Anruf über Ihren deutschen Mobilfunkanschluss sein. Mit der entsprechenden Guthabenkarte eines ausländischen Mobilfunkbetreibers sind Telefonate innerhalb des Aufenthaltslandes zudem oft deutlich günstiger.

Telefonieren kostenlos

Ob es sich nun um bestimmte telefonische Info- und Servicedienste oder entsprechende Faxnummern handelt, der Anruf kann in vielen Fällen kostenlos sein. Gratisnummern erkennen Sie an den standardisierten vier- beziehungsweise fünfstelligen Anfangsziffern.

FreeCall

FreeCall-Rufnummern konnten Sie bislang an den Anfangsziffern 0130 erkennen, abgelöst wurden Sie von Rufnummern mit den Anfangsziffern 0800. Das Telefonat zu einer solchen Rufnummer ist für Sie immer gebührenfrei. Dies ist unabhängig von der Entfernung zu Ihrem Gesprächspartner und unabhängig von der Dauer des Gesprächs. Als Nutzer eines Mobiltelefons erreichen Sie FreeCall-Nummern kostenlos. Dabei ist es egal, ob Sie Vertragskunde sind oder eine Guthabenkarte nutzen.

FreeCall International

Sogar aus dem Ausland sind kostenlose Telefonate möglich. Solche internationalen FreeCall-Nummern erkennen Sie an den Anfangsziffern 00800. Auch aus ausländischen Telefonzellen sind FreeCall International-Nummer in den meisten Fällen kostenlos erreichbar. Da Sie in solchen Fällen zur Nutzung dieser Nummern kein Geld einwerfen und keine Telefonkarte einschieben müssen, sollten Sie es einfach einmal ausprobieren.

Handy-Nutzer können, sofern sie sich in Deutschland aufhalten, FreeCall International-Rufnummern in der Regel kostenlos erreichen. Werfen Sie sicherheitshalber einen Blick in die Preisliste Ihres Anbieters. Die innerdeutsche Nutzung der FreeCall International-Nummern ist auf jeden Fall dann gratis, wenn Sie Ihren Vertrag direkt mit einem der vier großen Netzbetreiber D1-Telekom, D2-Vodafone, E-Plus oder O_2 abgeschlossen haben. Dies schließt die Nutzer von Guthabenkarten ein.

Wenn Sie in Zukunft aufmerksam Anzeigen und Briefbögen von Unternehmen und Behörden betrachten, finden Sie immer mehr Firmen und so manche öffentliche Institution, die neben den herkömmlichen auch Gratisnummern bieten.

Haben Sie öfter telefonischen Kontakt mit einer Firma, erkundigen Sie sich danach, ob es auch FreeCall-Nummern gibt oder halten Sie auf den Internetseiten des Unternehmens oder der Behörde Ausschau.

So informiert beispielsweise das Bundesministerium für Arbeit und Sozialordnung über Fragen zur Vermögensbildung unter der Gratisnummer 0800-1515156 und beantwortet Fragen zur Teilzeit und Scheinselbständigkeit kostenlos unter 0800-1515153. Zur Arbeitslosenhilfe und Einstellungshilfen gibt das Bundesministerium Auskunft unter der kostenlos erreichbaren Rufnummer 0800-1515154 und Hinweise zur

Rente erhalten Sie unter der gebührenfrei erreichbaren Nummer 0800-1515150.

Gratisnummern sind in quasi allen Bereichen des gesellschaftlichen Lebens und der Wirtschaft anzutreffen. Achten Sie also bei der Auswahl und Anwahl von Telefon- sowie Faxnummern verstärkt auf die für FreeCall charakteristischen Anfangsziffern.

Telefon- und Faxnummernauskunft kostenlos

Telefon- und Branchenbücher für die gesamte Republik zuhause zu lagern, würde den Wohnkomfort stark einschränken. Die Telefonbuch-CD-ROMs kosten Geld und hinken ebenfalls dem aktuellen Datenbestand zwangsläufig hinterher. Der Auskunftsservice steht aber schnell, aktuell und vielfach komfortabler im Internet kostenlos zur Verfügung.

DeTeMedien

Die Deutsche Telekom lässt Sie Telefon- und Faxnummern über ihre Internetseiten suchen, auch in den Örtlichen Telefonbüchern. Darüber hinaus können Sie auf die Gelben Seiten zugreifen, also Rufnummern und Adressen von Firmen suchen.

Internet: http://www.teleauskunft.de

YellowMap

YellowMap lässt Sie nach Firmenrufnummern und -adressen suchen. Das gefundene Unternehmen wird mit Lageplan angezeigt.

Internet: http://www.yellowmap.de

Information

Zeitungskurzabonnements kostenlos

Frankfurter Allgemeine Zeitung

Zwei Wochen lang erhalten Sie die Frankfurter Allgemeine von montags bis samstags gratis. Eine Abmeldung ist nicht erforderlich.

Frankfurter Allgemeine Zeitung, Vertriebsabteilung
Postfach
60267 Frankfurt am Main
Telefon: 0 180 2-34 46 77
Internet: http://www.faz.net/Probeabo

Frankfurter Allgemeine Sonntagszeitung

Wenn Sie die Frankfurter Allgemeine bereits kostenlos lesen, fehlt Ihnen etwas. Die Frankfurter Allgemeine Sonntagszeitung.

Vier Wochen lang wird diese Ihnen frei Haus geliefert und natürlich frei von Kosten. Die Lieferung verpflichtet Sie zu nichts.

Frankfurter Allgemeine Zeitung, Vertriebsabteilung
Postfach
60267 Frankfurt am Main

Telefon: 0 180 2-52 52

Internet: http://www.faz.net/Probeabo

Frankfurter Rundschau

Vielleicht konnten Sie sich noch nicht für die Frankfurter Allgemeine entscheiden. Probieren Sie zur Abwechslung erst einmal die Frankfurter Rundschau. Über die Dauer von zwei Wochen landet dieses Blatt in Ihrem Briefkasten. Eine Abmeldung ist nicht erforderlich.

Frankfurter Rundschau

60266 Frankfurt am Main

Telefon: 0800 - 8666 866

Telefax: 0 69-21 99-34 21

Internet: http://www.fr-aktuell.de

Neue Bildpost

Noch eine Wochenzeitung, in diesem Fall christlich, unabhängig und im Boulevardstil. Trotz dieser interessanten Kombination handelt es sich dabei aber nicht um die Bild am Sonntag. Neue Bildpost heißt das überregionale Blatt, welches sich einen Monat lang in Ihrem Briefkasten einnistet. Eine Abmeldung ist nicht erforderlich.

Verlag Neue Bildpost

Postfach 13 13

59003 Hamm

Telefon: 0 23 81/9 40 40-90

Telefax: 0 23 81/9 40 40-94

kontakt@bildpost.de

Internet: http://www.bildpost.de

Neue Zürcher Zeitung

Die Schweiz: Berge, Banken und Botschafter. Das Land bietet aber noch mehr. Eine der besten deutschsprachigen Zeitungen wird Ihnen zwei Wochen lang frei Haus zugeschickt. Allerdings nur, wenn sich Ihre Zustelladresse außerhalb der eidgenössischen Grenzen befindet. Die Schweizer bekommen also gar keinen Wind davon. Deshalb müssen Sie nichts zahlen und eine Abmeldung ist auch nicht erforderlich.

Neue Zürcher Zeitung

Leserservice International

Postfach

CH - 8021 Zürich

Telefon: 08 00-1 81 58 98

Telefax: 01-2 58 18 29

E-Mail: leserservice-international@nzz.ch

Internet: http://www.nzz.ch

Rheinischer Merkur

Zurück nach Deutschland. Der Rheinische Merkur berichtet wöchentlich aus Politik, Wirtschaft und Kultur.

Zwei Monate lang sind Sie Probeabonnent und müssen sich nicht abmelden.

Allerdings: Die Vertriebsabteilung des Rheinischen Merkur bearbeitet Ihre Probeanforderung nur, wenn Sie eine Telefonnummer angeben, unter der Sie tagsüber erreichbar sind.

Angeblich dient diese Prüfung dem Schutz der Verwendung Ihrer Adresse. Tatsächlich erklären Sie sich aber damit einverstanden, dass Sie nach der Testzeit zur Qualität des Rheinischen Merkur befragt werden.

Verlag Rheinischer Merkur

Vertriebsabteilung

Postfach 201 164

53141 Bonn

Telefon: 02 28-88 42 22 oder 02 28-88 42 25

Telefax: 02 28-88 41 70

E-Mail: abo@merkur.de

Internet: http://www.merkur.de

Schweizer Tagesanzeiger

Der Schweizer Tagesanzeiger versorgt Sie vier Wochen lang mit nationalen und internationalen Meldungen.

Bei der Gewährung des kostenlosen Lesevergnügens zieht sich der Verlag dann aber hinter die Berge zurück. Nur Menschen mit Schweizer Lieferadresse, also beispielsweise der Ikea-Gründer Ingvar Kamprad oder Rennfahrer Michael Schuhmacher, können Ihre Ausgaben weiter reduzieren.

Mit der Aufnahme des Probeabos verpflichten Sie sich zu nichts.

Schweizer Tagesanzeiger

Werdstrasse 21

8021 Zürich

Telefon: 01-4 04 64 64

Steuersparer wählen die kostenlose Telefonnummer 08 00-80 80 15.

Telefax: 01-2 48 69 04

Internet: http://tages-anzeiger.ch

Süddeutsche Zeitung

Zwei Wochen lang können Sie bei einem Blick in Ihren Briefkasten die Süddeutsche Zeitung entdecken. Einfach unverbindlich anmelden, die Abmeldung können Sie sich somit sparen.

Süddeutsche Zeitung

Sendlinger Straße 8

80331 München

Telefon: 08 00-9 96 69 96

Telefax: 0 89-21 83-82 07

E-Mail: vertrieb@sueddeutsche.de

Internet: http://www.sueddeutsche.de

Tagesspiegel

Der Tagesspiegel berichtet nicht nur aus der Hauptstadt, sondern auch national und international aus Politik, Wirtschaft, Wissenschaft, Kultur und Sport. Mindestens ebenso wichtig aber ist: Zwei Wochen lang erhält jeder Bundesbürger das Blatt auf Wunsch kostenfrei und muss sich nicht abmelden.

Entweder füllen Sie das Webformular aus oder Sie schicken eine E-Mail. Sie können das Gratisabo auch telefonisch anfordern. Der Tagesspiegel freut sich auf jeden Fall auf Ihre Bestellung.

Der Tagesspiegel
10876 Berlin
Telefon : 0 30-2 60 09-5 00 oder 0 30-2 60 09-5 55
E-Mail: vertrieb@tagesspiegel.de
Internet: http://www.tagesspiegel.de

Die Welt

Die Welt berichtet nun schon seit einiger Zeit aus Berlin. Aber wer die Welt kennen lernen will, der sollte sie lesen. Am besten erst einmal zwei Wochen lang kostenlos.

Die Welt
Axel Springer Verlag
Leserservice „Die Welt"
Axel-Springer-Straße 65
10888 Berlin

Telefon: 08 00-9 35 85 37
oder 08 00-WeltLeser
Telefax: 08 00-9 35 87 37
E-Mail: leser@welt.de
Internet: http://www.welt.de

Welt am Sonntag

Die Welt am Sonntag informiert Sie drei Wochen lang kostenlos und unverbindlich. Abmelden müssen Sie sich nicht.

Axel Springer Verlag
Leserservice Welt am Sonntag
Axel-Springer-Platz 1
20350 Hamburg
Telefon: 08 00-9 26 75 37
oder 0800-WamSLeser
Telefax: 08 00-9 26 77 37
E-Mail: leser@wams.de
Internet: http://www.welt.de

Zeitschriftenvollabonnements kostenlos

Unglaublich aber wahr. Zeitschriften können Sie auch im Vollabonnement kostenlos lesen. Wertvolle Angebote in diesem Bereich kommen und gehen. Die folgenden Beispiele sollen Sie motivieren, zukünftig selbstständig nach attraktiven Offerten zu fahnden.

DM Euro

Das Magazin für Geld und Wirtschaft erscheint monatlich und kostet normalerweise gut 40 Euro pro Jahr. Als Abonnent erhalten Sie zusätzlich den Newsletter money & more.

Das Abonnement gibt es aber auch gratis. Als zukünftiger DM Euro-Leser müssen Sie sich lediglich von einer anderen Person werben lassen.

Als Dankeschön für die erfolgreiche Vermittlung erhält der Werber eine Prämienzahlung in Höhe von 40 Euro per Verrechnungsscheck. Ins Formular, das Sie in der jeweils aktuellen Ausgabe finden, oder in die Felder des Webformulars tragen Sie den Namen und Rechnungs- sowie Lieferadresse ein. Außerdem müssen Sie den Namen und die Adresse des Vermittlers, also des Prämienempfängers, eintragen.

Der Werbende braucht übrigens selbst nicht Abonnent von DM Euro sein oder gewesen sein. Nach Eingang der Bestellung erhalten Sie die Rechnung für den vorerst einjährigen Abonnementzeitraum. Sobald die Rechnung durch Sie beglichen ist, erhält jene Person, von der Sie sich haben werben lassen, die Prämie.

Im Rahmen der beschriebenen Abwicklung eines solchen Prämienabos sollten Sie folgende Bedingungen beachten. Der neue Abonnent darf DM Euro innerhalb der letzten sechs Monate nicht bezogen haben und nicht in Ihrem Haushalt leben. Das Prämienangebot gilt zudem nur in der

Bundesrepublik Deutschland und nicht bei Eigen- oder Umbestellung. Sollten Sie DM Euro über den einjährigen Abonnementzeitraum hinaus nicht weiterlesen wollen, müssen Sie rechtzeitig vor Aboablauf kündigen.

DM Euro
Vertriebsservice
Postfach 37 53
90018 Nürnberg
Telefon: 09 11-2 74 81 51
Telefax: 09 11-2 74 81 55
E-Mail: dm.vertriebsservice@vhb.de
Internet: http://www.dmeuro.com

Handelsblatt Junge Karriere

Das Magazin für alle, die sich beruflich verändern oder aufsteigen möchten erscheint monatlich. Ob Hochschulabsolvent, Professional oder Unternehmensgründer, Junge Karriere versorgt Sie mit Informationen rund um den beruflichen und unternehmerischen Erfolg.
Die Zeitschrift kostet regulär 27 Euro, Studenten zahlen lediglich 20 Euro, müssen aber zusammen mit der Abonnementbestellung ihre Immatrikulationsbescheinigung vorweisen.

Aber weshalb für etwas zahlen, dass es auch kostenlos gibt? „Leser werben Leser" heißt es beim Vertrieb der Zeitschrift.

Dann sollten Sie aber dabei sein und sich jemanden suchen, der Sie für ein Abo wirbt. Als Dankeschön für die erfolgreiche Vermittlung erhält der Werber nämlich eine Prämienzahlung in Höhe von 25 Euro per Verrechnungsscheck oder beispielsweise in Form eines Gutscheines, den Sie bei einem bekannten Internetbuchhändler einlösen können.

Ins Formular, das Sie in jeder aktuellen Ausgabe finden, oder in die Felder des Webformulars tragen Sie den Namen und Rechnungs- sowie Lieferadresse ein. Außerdem müssen Sie den Namen und die Adresse des Vermittlers, also des Prämienempfängers, eintragen.

Der Werbende braucht übrigens selbst nicht Leser von Junge Karriere sein oder gewesen sein. Nach Eingang der Bestellung erhalten Sie die Rechnung für den vorerst einjährigen Abonnementzeitraum. Sobald die Rechnung durch Sie beglichen ist, erhält jene Person von der Sie sich haben werben lassen die Prämie.

Falls es Ihnen noch nicht aufgefallen ist: Als Student zahlen Sie ja nur 20 Euro für das Abonnement, Ihr Prämienfreund erhält aber eine Prämie im Wert von 25 Euro. Als neuer Abonnent dürfen Sie innerhalb der letzten sechs Monate allerdings nicht Bezieher von Junge Karriere gewesen sein. Das Prämienangebot gilt nicht bei Eigen- und Umbestellungen oder Geschenkabonnements. Wenn Sie Junge Karriere über den einjährigen Abonnementzeitraum hinaus nicht weiterlesen wollen, müssen Sie rechtzeitig vor Aboablauf kündigen.

Auf der Website können Sie sich übrigens in den kostenlosen SMS-Verteiler eintragen. Kurz vor dem Erscheinen des Magazins erhalten Sie dann eine Kurznachricht mit Stichworten zum Heftinhalt auf Ihr Handy.

Verlagsgruppe Handelsblatt
Handelsblatt Junge Karriere
Leserservice
Postfach 102 741
40018 Düsseldorf
Telefon: 0 180 2-88 98 89
Telefax: 02 11/887-17 37
E-Mail: abo-service@vhb.de
Internet: http://www.jungekarriere.com

WirtschaftsWoche

Die Wirtschaftszeitschrift, für die Korrespondenten aus allen wichtigen Wirtschaftsmetropolen berichten, erscheint wöchentlich und kostet üblicherweise gut 125 Euro im Jahr.

Das Abonnement erhalten Sie über einen Umweg auch kostenlos. Als zukünftiger WirtschaftsWoche-Leser müssen Sie sich lediglich von einer anderen Person werben lassen.

Als Dankeschön für die erfolgreiche Vermittlung erhält der Werber eine Prämienzahlung in Höhe von 125 Euro per Verrechnungsscheck.

Ins Formular, das Sie in der jeweils aktuellen Ausgabe finden, oder in die Felder des Webformulars tragen Sie den Namen und Rechnungs- sowie Lieferadresse ein. Außerdem müssen Sie den Namen und die Adresse des Vermittlers, also des Prämienempfängers, eintragen. Der Werbende braucht selbst nicht Abonnent der WirtschaftsWoche sein oder gewesen sein.

Nach Eingang der Bestellung erhalten Sie die Rechnung für den vorerst einjährigen Abonnementzeitraum. Sobald die Rechnung durch Sie beglichen ist erhält jene Person, von der Sie sich haben werben lassen, die Prämie.

Bei der Abwicklung eines solchen Abos mit Prämienzahlung sollten Sie folgende Bedingungen beachten: Der neue Abonnent darf die WirtschaftsWoche innerhalb der letzten sechs Monate nicht bezogen haben und darf mit Ihnen weder identisch sein, noch in Ihrem Haushalt leben. Das Angebot gilt zudem nur in der Bundesrepublik Deutschland. Möchten Sie die WirtschaftsWoche über den einjährigen Abonnementzeitraum hinaus nicht weiterlesen, müssen Sie rechtzeitig vor Aboablauf kündigen.

WirtschaftsWoche
Vertriebsservice
Postfach 37 52
90018 Nürnberg

Telefon: 09 11-27 48-2 00
Telefax: 09 11-27 48-2 22
E-Mail: wiwo.vertriebsservice@vhb.de
Internet: http://www.WiWo.de

Wohin mit all dem gesparten Geld?

Mehrzinskonto kostenlos

Für überraschende Ausgaben und Notfälle sollten Sie immer einen bestimmten Geldbetrag schnell zur Verfügung haben können.

Die Zinsen aber, die viele Banken ihren Kunden auf das Sparbuchguthaben zahlen, sind ausgesprochen niedrig. Die Verfügbarkeit größerer Geldsummen ist zudem begrenzt.

Für die schnelle Verfügbarkeit sowohl kleiner als auch großer Geldbeträge gibt es aber eine Anlageform, die meist besser verzinst wird: Das Tagesgeldkonto. Das Tagesgeldkonto bietet Ihnen sichere Zinseinkünfte für einen bestimmten Zeitraum, Zinsschwankungen müssen Sie aber in Kauf nehmen. Kontoführungsgebühren werden für diese Kontoform nicht verlangt.

Aber wie bei allen Dienstleistungen sollten Sie auch hier Leistungen und Preise vergleichen. Wirtschafts- und Verbraucherzeitschriften bieten in wiederkehrender Folge Zinsvergleiche für Tagesgeldkonten an. Suchen Sie sich einen der Spitzenreiter heraus und überprüfen Sie den angegebenen Zinssatz zur Sicherheit, indem Sie die entsprechende Bank anrufen.

Tagesgeldkonten gibt es bei vielen Banken, Direktbanken bieten aber vielfach höhere Zinsen als Filialbanken.

Abhängig von Ihrer Anlagesumme und dem daraus erzielten Zinsbetrag sollten Sie darauf achten, dass neben der kostenlosen Kontoführung möglichst geringe oder gar keine

Kosten für die Kontaktaufnahme zur Bank anfallen. Einige Direktbanken können Ihnen unter anderem auch deshalb höhere Zinsen zahlen, weil Sie auf Filialen verzichten und zum Beispiel nur ein- oder zweimal im Jahr Kontoauszüge verschicken. Sie werden also öfter einmal Ihre Bank anrufen oder per Internet besuchen, um den Kontostand abzufragen oder Geld, das Sie benötigen, auf Ihr Girokonto zu überweisen. Lobenswert ist es deshalb, wenn Direktbanken die für Sie eigentlich anfallenden Telefonkosten zum größten Teil selbst tragen oder ganz übernehmen, trotzdem aber noch hohe Zinssätze bieten.

DiBa

Viel Aufsehen hat die Allgemeine Deutsche Direktbank, kurz DiBa, mit ihrem attraktiv verzinsten Tagesgeldkonto erregt. Über den „DiBa CallBack" haben Sie Zugriff auf einen Rückrufservice und können sich von der Bank kostenlos anrufen lassen.

Kontoinformationen beziehungsweise -verfügungen sind darüber hinaus per Telefon, Internet oder Brief möglich.

DiBa – Allgemeine Deutsche Direktbank AG
60628 Frankfurt am Main
Telefon: 0 180 2-44 55 88
Telefax: 08 00-2 72 22 77
Faxabruf für aktuelle Konditionen: 0 69/2 57 02 02 00
E-Mail: info@diba.de
Internet: http://www.diba.de

Entrium Direct Bankers

Die Entrium Direct Bankers, vormals Quelle Bank, bieten Ihnen auf Ihrem Tagesgeldkonto eine attraktive Verzinsung. Entrium erreichen Sie als Direktbank in der Regel lediglich per Telefon, Fax, Internet oder Brief, was Sie von einer Kontoeröffnung allerdings nicht abhalten sollte, denn Sie erreichen die Bank und Ihr Konto über eine kostenfreie Rufnummer.

Ihnen stehen zudem die „EntriumCity Center" zur Verfügung, das heißt Filialen der Direktbank, in denen Sie über ein Terminal kostenfrei auf Ihre Konten zugreifen können. Die Standorte sind im Abschnitt „Wertpapierdepot kostenlos" dieses Kapitels aufgeführt.

Entrium Direct Bankers
Karl-Martell-Straße 60
90320 Nürnberg
Telefon: 08 00-8 00 20 30
Telefon aus dem Ausland: 09 11/1 49 14 44
Telefax: 09 11/149-21 80
E-Mail: info@entrium.de oder nachricht@entrium.de
Internet: http://www.entrium.de

Mehrzinsanlage kostenlos

Wenn Sie auf Ihr Geld über einen längeren Zeitraum verzichten wollen, um ohne Kursrisiko höhere Zinserträge zu erzielen, sollten Sie über eine Anlage in Bundesschatzbriefen nachdenken.

Bundesschatzbriefe können Sie bei allen Banken kaufen und verwahren. Weisen Sie beim Kauf darauf hin, dass die Verwahrung kostenlos erfolgen soll. Ihre Papiere werden dann kostenlos in das Depot der Bundeswertpapierverwaltung gelegt.

Sollten Sie in diesem Zusammenhang Probleme beim Kauf und der gewünschten Verwahrung von Bundesschatzbriefen haben, wenden Sie sich unverzüglich an die Deutsche Bundesbank.

Deutsche Bundesbank
Postfach 100 602
60006 Frankfurt am Main

Sie können Bundesschatzbriefe aber auch ohne den Umweg über Ihre Bank erwerben, indem Sie sich direkt an die Bundeswertpapierverwaltung wenden. Die BWpV verwahrt und verwaltet Bundeswertpapiere für Sie und rund 1 Million Wertpapierkunden kostenlos.

An das Service-Center können Sie allgemeine Anfragen zu Schuldbuchkonten richten. Bald soll auch die telefonische Auftragserteilung möglich sein. Bereits jetzt ermöglicht ihnen der Service-Computer rund um die Uhr Tageskontoauszüge und Zinsaufstellungen anzufordern. Über die Internetsite der Bundeswertpapierverwaltung lassen sich aktuelle Konditionen der Bundeswertpapiere sowie Antrags- und Auftragsformulare einsehen, ausdrucken oder downloaden. Über das Internet-Banking im

Bundesschuldenbuch können Sie außerdem die Bundeswertpapiere auch direkt erwerben und auf Ihr Schuldbuchkonto zugreifen. Dabei können Sie Kauf- und Verkaufsaufträge erteilen, Bundesschatzbriefe gegebenenfalls vorzeitig zurückgeben oder über Wiederanlagen entscheiden.

Bundeswertpapierverwaltung

Internet: http://www.bwpv.de

Dienststelle Bad Homburg

Bahnhofstr. 16 - 18

61352 Bad Homburg vor der Höhe

Telefon: 0 61 72/1 08-0

Telefax: 0 61 72/1 08-4 50

Dienststelle Berlin

Platz der Luftbrücke 2

12101 Berlin

Telefon: 0 30/6 90 34-0

Telefax: 0 30/6 90 34-1 05

Service-Center

Dienststelle Bad Homburg

Telefon: 0 61 72/108-2 22

Dienststelle Berlin

Telefon: 0 30/6 90 34-2 22

Service-Computer

Dienststelle Bad Homburg

Telefon: 0 61 72/108-9 30

Dienststelle Berlin

Telefon: 0 30/6 90 34-9 30

BWpV-Direkt

Internet: https://www.bwpv-direkt.de

Wertpapierdepot kostenlos

Bei der Verwahrung Ihrer Aktien und Fondsanteile können Sie sehr viel Geld sparen. Es gibt in Deutschland wenige Banken, die diese Dienstleistung kostenlos für Sie übernehmen.

Gerade für die Inhaber kleinerer Depots ist dies von Vorteil, denn bei geringen Anlagesummen würden Verwaltungskosten besonders stark ins Gewicht fallen.

In der Mehrzahl der Fälle gibt es dafür aber auch keine Beratungsleistung.

Der Kauf und Verkauf Ihrer Aktien ist leider noch nicht kostenfrei. Aber selbst bei Banken mit kostenloser Depotführung können Sie noch sparen, indem Sie das Ordern per Fax und Brief sowie den Wertpapierkauf über einen Kundenbetreuer meiden. Bevorzugen Sie stattdessen die Orderaufgabe per Internet oder über den elektronischen Sprachcomputer.

Die Depotauflösung und der Wertpapierübertrag zu einem fremden Institut müssen übrigens von jeder Bank kostenlos ausgeführt werden, auch wenn in der Preisliste des jeweiligen Institutes Kosten hierfür aufgeführt sind. Unabhängig hiervon können im Rahmen des Übertrags fremde Kosten in geringem Umfang entstehen, die Ihre Bank nicht zu verantworten hat. Sollte Ihre Bank trotzdem Kosten berechnen, wenden Sie sich an den Ombudsmann der privaten Banken.

Kundenbeschwerdestelle beim Bundesverband deutscher Banken
Postfach 040 307
10062 Berlin

Citibank

Die Citibank braucht sich in Bezug auf die Transaktionsgebühren hinter so genannten Discount-Brokern nicht zu verstecken. Im Gegensatz zu diesen handelt es sich bei diesem Institut sogar um eine Filialbank. Trotz alledem führt die Citibank das Wertpapierdepot in Verbindung mit dem im Kapitel „Banken" beschriebenen kostenlosen Girokonto gratis für Sie.

Zugriff auf Ihr Depot haben Sie über die Filialen, erheblich günstiger aber per Telefoncomputer oder das Internet. Nutzen Sie für Ihre Wertpapiergeschäfte das Internet, werden Ihrem Konto bis einschließlich der zehnten getätigten Transaktion pro Monat jeweils 15 Cent gutgeschrieben. Somit sollten die Ihnen dabei entstehenden Online-Kosten gedeckt werden. Außerdem haben Sie im Internet Zugang zum Marktinformationssystem und Analysewerkzeugen, mit denen Sie sich über das Börsengeschehen informieren und es auswerten können.

Um alle beschriebenen Gratisleistungen nutzen zu können, müssen Sie nicht über eine bestimmte Einkommenshöhe verfügen, sondern eine andere Bedingung erfüllen. Kontinuierlich müssen mindestens 2.500 Euro Guthaben bei der Citibank liegen, egal ob auf dem Girokonto, dem Sparbuch oder dem kostenlosen Wertpapierdepot.

Citibank Privatkunden
Kasernenstraße 10
40213 Düsseldorf
Telefon: 01 80 3-32 21 11
Telefax: 02 11/9 43 42 22
Internet: http://www.citibank.de

Consors

Der Discount-Broker Consors stellt Ihnen das Wertpapierdepot zum Nulltarif zur Verfügung, sofern Sie pro Quartal mindestens eine Order durchführen. Dies gilt in Verbindung mit dem sogenannten Online-Archiv, das heißt, Sie erhalten Ihre Wertpapierabrechnungen, Orderbestätigungen und Kontoauszüge online. Unter diesen Voraussetzungen sind Konto- und Depotführung kostenfrei, Sie zahlen keinerlei Portokosten und Sie haben weniger Archivierungsaufwand, machen also einen Schritt in Richtung papierloses Büro.

Consors Discount-Broker
Postfach 17 43
90006 Nürnberg
Telefon: 08 00-2 52 52 00
Fax: 0 180 3-25 25 32 oder 0 180 3-25 25 33
E-Mail: infoservice@consors.de
Internet: http://www.consors.de

DAB bank

Eine der größten deutschen Direktbanken lässt Sie Ihr Depot und das zugehörige Verrechnungskonto kostenfrei führen. Außerdem ist das Setzen von Limits kostenfrei und Sie zahlen bei Nutzung des Post-Managers keine Portokosten.

Bei der Anwahl der regulären DAB-Rufnummer werden Ihnen von der Deutschen Telekom einmalig lediglich sechs Cent berechnet, weitere Kosten entstehen für Sie nicht, ganz gleich wie lange Ihr Gespräch mit der Bank dauert.
Außerdem haben Sie die Möglichkeit, auf viele Konto- und Depotfunktionen über die kostenlose Rufnummer des interaktiven Telefon-Brokerage zuzugreifen. Dann verursachen beispielsweise Konto- und

Depotstandsabfragen oder Überweisungen und Orderaufgaben keine Telefonkosten.

DAB bank

Postfach 200 653

80006 München

Telefon aus Deutschland: 0 180 2-25 45 00

Telefon aus dem Ausland: 0 89/88 95 91-00

Interaktives Telefon-Brokerage: 08 00-1 23 50 05

Telefax aus Deutschland: 0 89/5 00 68-27 80

Internet: http://www.dab.com

Entrium Direct Bankers

Sowohl die Führung Ihres Kontos, als auch die ihres Depots erfolgen bei Entrium, ehemals Quelle Bank, kostenfrei.

Portofrei erhalten Sie nach jedem ausgeführten Auftrag eine Wertpapierabrechnung, monatlich einen Auszug ihres Kontos und jährlich einen Depotauszug. Entrium berechnet keine Limitgebühren und erstellt die Jahressteuerbescheinigung sowie die Erträgnisaufstellung kostenlos.

Zur Verfügung stehen Ihnen als Entrium-Kunde zusätzlich Wirtschaftsnachrichten, Charts samt Analyse, Realtimekurse und Indizes realtime. Die Bank und Ihr Konto erreichen Sie grundsätzlich über eine kostenfreie Rufnummer, also auch wenn Sie mit einem Kundenbetreuer sprechen.

Entrium Direct Bankers

Karl-Martell-Straße 60

90320 Nürnberg

Telefon: 08 00-8 00 20 30

Telefon aus dem Ausland: 09 11/1 49 14 44

Telefax: 09 11/149-21 80

E-Mail: info@entrium.de oder nachricht@entrium.de

Internet: http://www.entrium.de

Außerdem stehen Ihnen sogenannte „EntriumCity Center" zur Verfügung, die Direktbank eröffnet also Filialen. In diesen können Sie über ein Terminal kostenfrei auf Ihre Konten zugreifen und sich persönlich beraten lassen.

Die Eröffnung weiterer Standorte, wie zum Beispiel in Augsburg, ist geplant.

Berlin

Karlplatz 7 (Nähe Charité)

10117 Berlin

Telefon: 0 30/24 08 30-3

Telefax: 0 30/24 08 30-55 29

Dresden

Königsbrücker Straße 34 (Ecke Louisenstraße)

01099 Dresden-Neustadt

Telefon: 03 51/8 89 42-0

Telefax: 03 51/8 89 42-12 49

Düsseldorf

Berliner Allee 40

40212 Düsseldorf

Telefon: 02 11/15 97 96-0

Telefax: 02 11/15 97 96-12 79

Frankfurt

Am Hauptbahnhof 2

60329 Frankfurt

Telefon: 0 69/25 66 78-0

Telefax: 0 69/25 66 78-11 59

Hamburg

Valentinskamp 18-20 (Nähe Gänsemarkt)

20354 Hamburg

Telefon: 0 40/34 99 39-0

Telefax: 0 40/34 99 39-13 09

Köln

Barbarossaplatz 7

50674 Köln

Telefon: 02 21/25 08 29-0

Telefax: 02 21/25 08 29-12 19

Leipzig

Riemannstraße 29b (Ecke Karl-Liebknecht-Straße)

04107 Leipzig

Telefon: 03 41/1 49 56-4

Telefax: 03 41/1 49 56-55 59

München

Rumfordstraße 5 (Nähe Viktualienmarkt)

80469 München

Telefon: 0 89/23 88 88-0

Telefax: 0 89/23 88 88-11 29

Nürnberg

Hallplatz 3 (Nähe Lorenzkirche)

90402 Nürnberg

Telefon: 09 11/24 26 0-0

Telefax: 09 11/2 42 60-11 89

Maxblue

Mehr als Peanuts erhalten Sie, wenn Sie bei der Deutschen Bank Maxblue-Kunde werden. Sie zahlen für Ihr Konto und Depot nämlich keine Gebühren, sofern Sie darüber pro Quartal mindestens eine Order abwickeln.

Außerdem erhalten Sie als Geschenke der Deutschbanker schriftliche Orderbestätigungen für nicht-tagesgültige Aufträge, eine Jahressteuerbescheinigung und eine Erträgnisaufstellung.

Darüber hinaus stehen Ihnen als Kunde zahlreiche Informationen und Services zur Verfügung, die bei Anlageentscheidungen hilfreich sein können.

Statusabfragen Ihres Kontodepots sind an allen SB-Terminals in Filialen der Deutschen Bank möglich. Via WAP können Sie mit einem entsprechenden Mobiltelefon

Ihren Kontostand und Umsätze einsehen sowie Orders erteilen.

Maxblue
Kundenservice
53255 Bonn
Telefon: 0 180 3-81 28 12
Telefax: 0 180 3-81 28 11
E-Mail: maxblue.de@db.com
Internet: http://www.maxblue.de
und über die Filialen der Deutschen Bank